박시백의 조선왕조실록

16

정조실록

일러두기
2024 어진 에디션은 정사 《조선왕조실록》을 바탕으로 한 이 책의 특징을 드러내고자
어진과 공신화에서 모티브를 얻어 박시백 화백이 새롭게 표지화를 그렸다. (표지화 인물: 정조)

박시백의
조선왕조실록

The Veritable Records of
the Joseon Dynasty
16
The Veritable Records of King
Jeongjo

정조실록

Humanist

머리말

　　외환위기가 한창이던 때였다. 어쩌다가 사극을 재미있게 보게 되었는데 역사와 관련한 지식이 너무도 부족한 자신을 발견하게 되었다. 그도 그럴 것이 젊은 날에 본 역사서는 근현대사가 대부분이었고, 조선사에 대한 지식이라고는 중·고교 시절에 학교에서 배운 단편적인 것들이 거의 전부였다. 당시 나는 신문사에서 시사만화를 그리고 있었다. 다행히 신문사에는 조그만 도서실이 있었는데, 틈틈이 그곳에서 난생처음 조선사에 대한 여러 책을 접할 수 있었다.

　　조선사, 특히 정치사는 흥미진진했다. 거기에는 우리에게 익숙한 수많은 역사적 인물의 신념과 투쟁, 실패와 성공의 이야기가 있었고, 《삼국지》나 《초한지》 등에서 만나는 극적인 드라마와 무릎을 치게 하는 탁월한 처세가 있었다. 만화로 그리면 재미있겠다는 생각이 들었다. 몇 권 더 구해 읽다 보니 한 가지 궁금증이 생겼다. 어디까지가 정사에 기록된 것이고 어느 부분이 야사에 소개된 이야기인지가 모호했다. 이 대목에서 결심이 섰던 것 같다. 조선 정치사를 만화로 그리자, 그것도 철저히 《실록》에 기록된 정사를 바탕으로 그리자.

　　곧이어 다니던 신문사를 그만두고 《국역 조선왕조실록 CD-ROM》을 구입했다. 돌이켜보면 참 무모한 결심이었다. 특정한 출판사와 계약한 것도 아니고, 《실록》의 한 쪽도 직접 본 적 없는 상태에서 작업에 전념한다는 미명 아래 회사부터 그만두었으니. 내 구상만 듣고 아무 대책 없는 결정에 동의해준 아내에게도 뭔가가 씌웠던 모양이다. 궁궐을 찾아 사진을 찍고 화보자료를 찾아 헌책방을 기웃거렸다. 1권에 해당하는 부분을 공부한 뒤 콘티를 짜기 시작했다. 동네를 산책하면서도 머릿속에서는 항상 그 시대의 인물들이 이야기를 주고받고 다투곤 했다. 어쩌다 어떤 인물의 행동이 새롭게 이해되기라도 하면 뛸 듯이 기뻤다.

마침내 펜선을 입히면서 수십 장이 쌓인 뒤 처음부터 읽어보면 이게 아닌데 싶어 폐기하기를 서너 번, 그러다 보니 어느새 1년이 후딱 지나가버렸다. 아무런 결과물도 없이 1년이 흘렀다고 생각하니 슬슬 걱정이 차오르기 시작했다. 이러다간 안 되겠다 싶어 100여 장의 견본을 만들어 무작정 출판사를 찾아가기로 했다. 그렇게 견본을 만든 후 몇 군데에서의 퇴짜는 각오하고 출판사를 찾아가려던 차에 동료 시사만화가의 소개로 휴머니스트를 만나게 되었고, 덕분에 다른 출판사들을 찾아가지는 않아도 되었다.

이 만화를 그리며 염두에 둔 나름의 원칙이 있다면 이랬다.
첫째, 정치사를 위주로 하면서 주요 사건과 해당 사건에 관련된 핵심 인물들의 생각과 처신을 중심으로 그린다.
둘째, 《실록》의 기록을 바탕으로 하면서 학계의 최근 연구 성과를 적극 고려하고 필자 스스로도 적극적으로 해석에 개입한다.
셋째, 성인 독자들을 주된 대상으로 삼되, 청소년들과 역사에 관심이 남다른 어린이들이 보아도 무방하게 그린다.

흔쾌히 출판을 결정해준 휴머니스트 김학원 대표와 책이 나오는 데 애써준 휴머니스트 식구들에게 감사드린다. 그리고 언제나 곁에서 응원해주고 적절히 비판해주는 아내와 사랑하는 두 딸! 고맙다.

2003년 6월

세계기록유산은 모두의 것이며,
모두를 위해 온전히 보존되고 보호되어야 하며,
문화적 관습과 실용성을 충분히 인식하여
모든 사람이 장애 없이 영구적으로 접근할 수 있어야 합니다.

The world's documentary heritage belongs to all,
should be fully preserved and protected for all and,
with due recognition of cultural mores and practicalities,
should be permanently accessible to all without hindrance.

―〈유네스코 '세계의 기억' 프로그램의 목표〉중에서

대한민국 국보 제151호
유네스코 세계기록유산
조선왕조실록

진실성과 신빙성을 갖추고
25대 군주, 472년간의 역사를 6,400만 자에 담은
세계에서 가장 장구하고 방대한 세계기록유산.
세계인이 기억해야 할 위대한 유산
《조선왕조실록》의 세계로 초대합니다.

차례

머리말　4
등장인물 소개　10

제1장 세손 시절

할아비와 손자　14
남당과 북당　20
위기의 세손　29
대리청정 전후　39

제2장 숙청과 반발

사도세자의 아들　48
척신 숙청　56
김귀주와 홍봉한　62
지붕 위의 자객　71
홍국영의 몰락　77

제3장 의리 탕평의 길

계속되는 역변　90
정조식 탕평　101
정승 채제공　109
서학과 문풍　114
시파와 벽파　123
정순왕후　132

제4장 사도세자 추숭을 둘러싸고

지극한 효성　142
영남만인소　151
의리 탕평의 파탄　161

제5장 개혁적 유학 군주

시대와 정조　174
정조의 정치　184
시대의 한계, 정조의 한계　195
이루지 못한 꿈　202

작가 후기　222
《정조실록》 연표　224
조선과 세계　231
The Veritable Records of the Joseon Dynasty　232
Summary: The Veritable Records of King Jeongjo　233
세계기록유산, 《조선왕조실록》　234
도움을 받은 책들　235

등장인물 소개

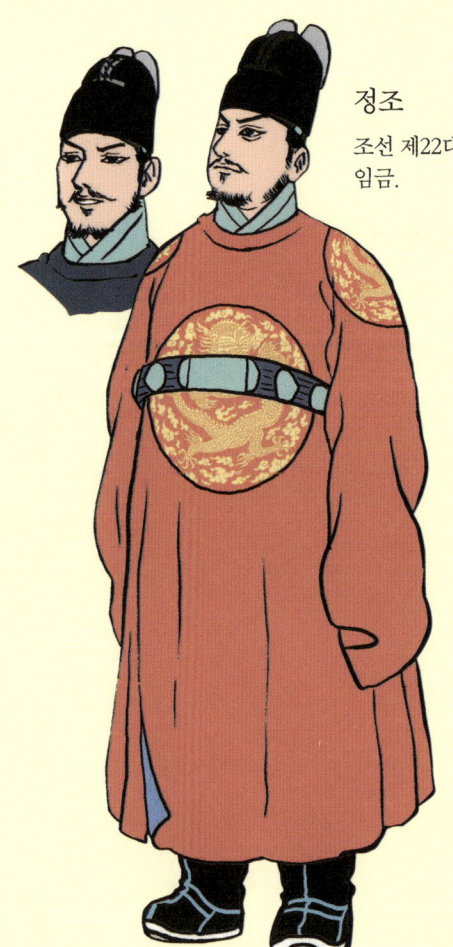

정조
조선 제22대 임금.

세자(순조)

예순대비(정순왕후)
영조의 계비.
정조 시절의 대비로,
강력한 존재감을 보인다.

화완옹주
영조의 지극한 사랑을
받은 옹주로, 정후겸은
그녀의 양자다.

혜경궁 홍씨(혜빈)

은언군 이인
사도세자의 서자로
강화에 유배되어 살았다.

정후겸과 홍인한
영조 말년의 실권자로
정조의 즉위를 막으려 했다.

정민시
세손 시절 동궁의 관원으로
정조를 지킴.

서명선
홍인한 비판소를 올려
위기의 세손을 구한
정조 초기의 재상.

홍국영
정조 초 최고의
실권자였으나 지나치게
권력을 탐하다 유배된다.

송덕상
산림으로
송시열의 후손.

김종수
청명당, 노론 벽파의 수장.
정조의 척신 척결을
적극 도왔다.

채제공
남인 세력의 수장으로 정조의
개혁 조치와 사도세자 추숭의
강력한 지지자.

심환지
김종수 사후
노론 벽파의 수장.

이가환
채재공 이후 남인을 이끌
인물로 주목받았으나
서학 관련 혐의로 저지당한다.

김조순
그의 딸이
세자빈으로
내정된다.

김하재

윤구종

구선복

윤지충과 권상연

효임·홍상범 모자

문양해

창경궁 경춘전
성종 시절에 세워진 창경궁의 전각이다. 임진왜란으로 불타자 광해군이 중수했고,
순조 시절에 다시 불에 타자 몇 년 후 재건했다. 정조는 이곳에서 태어났다.

제1장

세손 시절

할아비와 손자

아버지 사도세자의 참혹한 최후를 목도한 열한 살 세손.

할머니가 청하고, 할아버지가 명하고, 외할아버지가 도운 아비의 비극 앞에

권력이 얼마나 무섭고 비정한 것인지를 온몸으로 깨쳤다.

노성한 신하들은 입을 다물었다. 무서운 정치요 두려운 어른들의 세계.

그중에서도 할아버지는 두려움 그 자체로 다가왔으리라.

*장통(長統): 맏아들의 계통.

다혈질의 절대권력자인 두려운 할아버지.

그러나 세손은 자신을 둘러싼 이러한 환경 앞에서 무너지지 않았다.

반듯한 자세에

성실한 공부와 빼어난 식견,

그리고 지극한 효성까지 보여 할아버지의 기내에 200퍼센트 부응했다.

타고난 자질과 성품 내문에 가능했겠지만,

생존을 위한 필요조건이기도 했다.

할아버지의 눈 밖에 나서도 안 되지만,

현실적으로 자신을 지켜줄 수 있는 힘은 할아버지 영조뿐이었으니까.

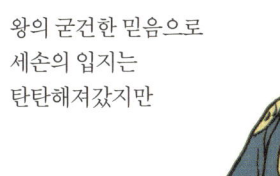

남당과 북당

영조 31년 이후 조정은 소론이 힘을 잃고

노론 천하가 되었다. 그러자 그 안에서 다시 주류가 형성되었다.

사사건건 의리를 앞세우는 자들보다

왕의 탕평책을 적극 지지하는 이들이 조정을 장악한 것이다. 대표적인 이들이 홍봉한, 김상로, 신만 등이었지만

탕평당이라 부르죠.

그중에서도 홍봉한이 왕의 견고한 신임을 업고 최강의 실력자로 떠올랐다.

그에 맞서 노론 명문가인 김상로가 견제하는 정도였는데,

사도세자의 죽음 이후 홍봉한의 위세는 더욱 커졌다.

아들을 제거한 자와 사위를 제거한 자의 동지애 덕이라고나 할까?

아우 홍인한과 아들 홍낙임 등도 실세로 떠올랐고

탕평당 무리가 홍봉한 집 대문 앞을 메웠다.

그러자 이를 비판적으로 보는 일군의 무리가 형성되었다.

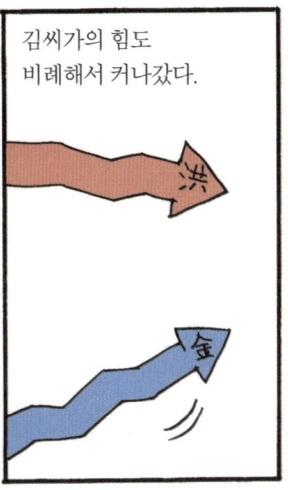

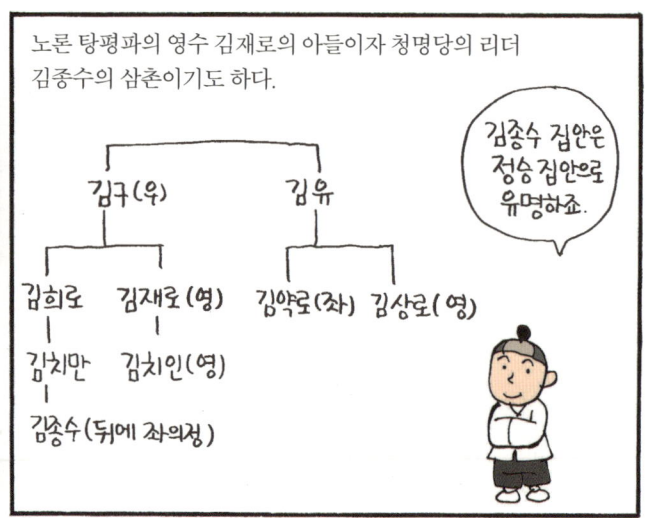

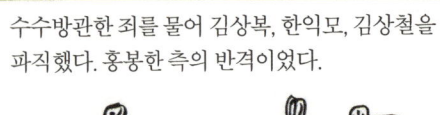

둘째, 다리 병으로 고생할 때는 송다(松茶)를 써야 하는데 거부했다는 것.

"안 되오. 지금은 금주령 기간이오."

셋째, 동궁을 공갈해 협박했다는 것이다.

김귀주가 뒤를 이어 소를 올려 김관주의 소를 보충설명했다.

"뒤에 선친께서 홍봉한의 계모상에 조문을 갔었는데 나삼을 몇 근이나 썼다고 자랑했다 하옵니다.

대저 이 일은 성상께서 마음으로 결단하신 해와 별처럼 빛나는 일이옵니다. 홍봉한의 봉승은 죽음이 두려워 때를 틈타 미봉한 것일 뿐으로 세월이 조금 흐르자 추숭해 종묘에 들이자는 의논을 창출한 것으로도 알 수 있나이다. …

세손을 만나서는 '저하께서 제 말을 듣지 않으시면 이러저러하게 될 것이다.'고 했고 또한 '나는 동궁의 외조이니 나를 해치는 마음을 품은 자는 동궁을 불리하게 하려는 자이다.'라고 했다 하옵니다. …

근래 성상께서 통렬히 편당을 경계하는 모습을 보이시자 평소 싫어하는 자들을 당인으로 지목해 천청을 현란시키고 세상을 놀라게 하였사옵니다. …

다만 생각건대 종사가 날로 위망해지고 있는데도 전하께서 깨닫지 못하시고 홍적은 더욱 방자하게 날뛰는데도 조정 산하 가운데 한 사람도 말하지 않기에 이에 감히 대강을 들어 죽음을 무릅쓰고 아뢰나이다."

＊봉승(奉承): 윗사람의 뜻을 이어받음.
＊천청(天聽): 왕의 귀.

위기의 세손

김귀주의 상소에서 보이듯

그런데 세손은 자라나면서 외가에 대해 불신을 드러내 보였다.

아비의 죽음을 말리지 않았을 뿐 아니라 도리어 앞장서서 거들었던 외조부.

사방이 굽어드는 막강한 권세.

역사 속에 부정적인 이름을 남긴 숱한 외척들과 무엇이 다른가?

이듬해에는 좌의정이 된다. 영조가 죽기 전 마지막 3년은 홍인한, 정후겸 듀오가 최강의 권력 실세로 군림했다.

특히 영조가 노쇠해 판단이 혼미해지면서부터는 완전히 그들의 세상이 되었다.

문제는 세손이었다.

판단력이 많이 떨어졌지만 여전히 세손에 대한 할아비의 신뢰는 굳건했다.

미처 대책을 마련하지도 못했는데 우려했던 소식이 전해졌다.

영조 51년 10월, 왕의 나이 82세. 사실 너무 늦은 결정이었다.

입만 열면 권력에 미련이 없음을 토로하고

그 징표로 숱한 선위 쇼를 벌였으며, 어린 사도세자에게 대리청정을 맡겨 비극의 길로 내몬 왕이다.

적어도 조정의 안정을 생각했다면 세손의 나이 스물에는 전위하고 상왕으로 물러나야 했다.

그때라면 내 나이 고작 78밖에 안 될 땐데…

그러나 물러나지 않았고, 노쇠할 대로 노쇠해져 여러 폐해를 낳고서야 대리청정을 결정했을 만큼 권력에 대한 집착이 강한 인물.

권력이란 게 원래 그래.

너들도 한번 권력을 가져봐. 스스로 놓을 수가 있는지.

어쨌거나 소식을 접한 홍·정 듀오는 충격에 휩싸였다.

어떡해요? 이대로 진행됐다간 우린 둘 다 죽을 걸요.

음… 그럴 수야 없지.

그들은 세손 주변에 사람을 심어 일거수일투족을 감시하는가 하면

세손에 대한 악성 루머를 퍼뜨리고

여색을 좋아한다아~

미행을 즐겨한대요~

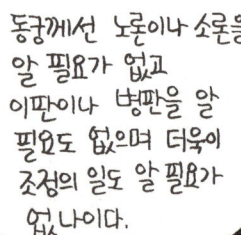

*문적(文跡): 근거가 될 만한 글, 문서로 된 근거.

대리청정 전후

＊계자(啓字): 임금이 승인하는 서류에 찍던 도장.

왕은 거듭 명하기를

영조는 대리청정을 맡기고 석 달 뒤
눈을 감았다.

마지막 순간까지 손자에 대한
믿음과 사랑을 잃지 않아서
세손은 죄인의 아들이란 약점을 안고도
보위를 이을 수 있었다.

김윤기 가옥
강원도 문화재자료로 지정된 한옥으로, 70칸이 넘는 대가이다. 이곳에서 홍국영이 유배생활을 했다고 전한다.
강원도 강릉시 노암동 소재.

제2장

숙청과 반발

사도세자의 아들

3월 10일, 경희궁 숭정문에서 즉위식을 가진 정조는

이어 빈전 문 밖에서 대신들을 불러 즉위 일성을 토한다.

아! 과인은 사도세자의 아들이오. 선대왕께서 종통의 중요함을 위해 내게 효장세자를 이어받도록 명하셨거니와

아! 전일에 선대왕께 올린 글에서 '근본을 둘로 하지 않는(不貳本)'데 대한 나의 뜻을 볼 수 있었을 것이오.

예는 비록 엄격하게 하지 않을 수 없는 것이나 인정 또한 펴지 않을 수 없는 것이니 향사하는 절차는 마땅히 대부로서 제사하는 예법에 따라야 하고 태묘에서와 같이 할 수는 없소. ···

이미 이러한 분부를 내리고 나서도 괴귀와 같은 불령한 무리가 이를 빙자해 추숭하자는 의논을 한다면 선대왕께서 유언하신 분부가 있으니 마땅히 형률로 논죄하고 선왕의 영령께도 고할 것이오.

왕의 말은 자신이 사도세자의 아들이므로 인정을 무시할 수 없다는 것과

이를 빙자해 추숭 의논을 꺼낸다면 용서하지 않겠다는 것이었지만,

돌아오는 신료들의 귓가에는 오직 한 마디만이 메아리쳤다.

나는 사도세자의 아들이다!

아들이다 아들이다

사도세자의 일을 공론화하겠다는 선언으로 들렸기 때문이다.

그 일로 죄를 묻는다면 무사할 신료가 몇 없을 텐데…

적극 동조한 자, 방조한 자만 해도 상당수인 데다

연산 때처럼 적극 막지 못한 책임까지 묻는다면…

왕은 비명에 간 아비를 생각하면 언제나 눈물이 솟았다.

열한 살 어린 나이, 상황을 바로 보기에는 부족한 나이다.

어쩌면 그래도 어렴풋이,

성장해가면서는 또렷이 아비의 죽음에 자신의 존재가 한 원인임을 느꼈으리라.

지나치게 아비를 싫어했던 할아버지는

지나치게 자신을 좋아했다.

이런 데로 생각이 미칠수록 애통함은 배가되었다.

그러나 아비의 죽음은 대의!

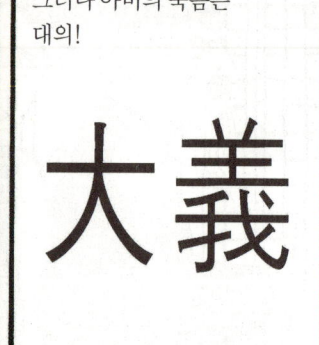

大義

그 말이 정조에게 숨통을 틔워주었다. 모든 게 영조 스스로가 결단한 것일 뿐이라면 사도세자의 죽음은 재론의 여지가 없게 된다.

그리되면 나는 언제까지나 죄인의 아들로 남을 뿐이고.

즉위하고 스무 날이 지나 왕은 영조의 말을 빌려 김상로의 죄를 밝힌다.

수상으로 있으면서 대조에서의 일은 소조께, 소조에서의 일은 대조께 아뢰면서 이리저리 속이고 가리며 참소와 모함을 끝도 없이 해댔소.

당시 승지였던 채제공이 거든다.

김상로는 매양 귓속말로 아뢰어 승지와 사관들이 듣지 못한 때가 많았사옵니다.

당시 김상로의 행태는 사실이다. 하지만 이를 가지고 사도세자 비극의 결정적 책임을 지우기에는 옹색하다.

당시 영조는 64세로 정치적 판단력이 무뎌지기 전입니다.

임오년엔 다시 제기하지 않았지만 5년 전에 조짐을 양성한…

그리고 영조의 발언도.

이어 왕은 문성국을 거론한다.

내가 마음에 새기며 뼈를 썩혀온 데는 또한 문성국이 있다.

내용인즉 문성국이
김상로와 함께
후궁 문씨를 끼고 설치며
사도세자를 참소하는
등의 일을 벌였다는
것이다.

하여 이미 죽은 몸이었지만
김상로와 문성국에게
역률이 적용되고

그대를 대역죄로 처단하노라!

영조의 후궁 문씨는
도성 밖으로 내쳐졌다.

이미 죽거나 힘이 없는
김상로, 문성국, 문씨녀가
타깃이 되는 데 신하들이
반대할 이유는 전혀 없다.

반대라니, 오히려 고맙지잉

우리 죄까지 모두 안고 가다오.

복수는 그 정도로 마무리하고
왕은 즉위 일성대로 움직였다.
먼저 양부인 효장세자를
진종으로 추숭해 명분을 확보하고

사도세자에 대해서도 한 단계 높였다.
사도세자는 장헌세자로, 묘소인 수은묘는
영우원으로 고쳤으며, 사당은 경모궁이라 이름을 붙였다.

일찍이 한 글자도 높이지 말라 하였지만

인정상 이 정도쯤은 눈감아 드려야지.

제2장 숙청과 반발

두려움에 움츠러들었던 신하들은 안정을 되찾았다.

정조도 아비의 신원과 관련해 나름의 소득이 있었다.

척신 숙청

* 국변인(國邊人): 나라 쪽 사람.
* 대책(大策): 임금의 명령. 여기서는 영조가 세손에게 대리청정을 명한 일을 뜻한다.

왕의 처분은 즉각적이고도 단호했다.

그제야 신하들이 본격 토죄에 나섰다.

그리고 마침내

신하들의 지원 사격도 별반 없이 혼자의 결단으로 최강의 척신을 제거한 것이다.

젊은 왕의 단호하고 과감한 척신 척결 행보는 계속된다.

김귀주와 홍봉한

김종수, 김귀주 진영은 사실 홍봉한을 홍인한, 정후겸의 배후로 보았다.

하여 김종수 측의 정이환은 왕이 홍인한 공격을 유도했을 때 홍봉한을 공격하는 소를 올렸다.

이에 대해 왕은 더러 해명도 했지만, 자궁의 처지를 말하며 인정에 호소했다.

∗ 일물(一物): 사도세자를 가두었던 뒤주에 대한 우회적 표현.

홍봉한을 불러 손잡고 눈물로 위로했다.

죽은 뒤에 김귀주는 복권되었다가

순조조에 시파가 집권하면서 다시 역적이 된다.

그때의 혐의는 김관주의 아비 김한록이 했다는 팔자흉언과 관련해서였다.

그렇게 세월이 제법 지나서 반사도세자, 반정조라는 딱지가 붙었지만,

정조 초에 죄를 받을 때까지 김귀주의 죄는 이렇다 할 만한 것이 없다.

영조 말년의 상소는 시대적 요구에 부합하는 것이었고,

"척신의 나라네. 누가 나서서 홍봉한을 꺾어 주었으면…"

상소의 주요 명분 하나는 세손 위협에 대한 항의였다.

"홍봉한! 저하께 무슨 망발이냐?"

그런데 왜 굳이 죄를 주었을까?

이때 이미 김한록의 흉언에 대해 들은 후라 하니 그 때문일 수도 있겠지만

"그럴 거면 아예 흉언을 공론화하는 게 낫지 않았을까?"

"맞아. 안 그래도 죄줄 명분이 좀 약한데."

"에이~ 그건 아니지. 그랬다간 대비와 전면전을 해야 했잖아. 부담이 너무 커."

역시 척신에 대한 뿌리 깊은 경계 때문이 아니었나 싶다.

"김귀주도 영리한데 뒤에 머리 우수하고 정치감각 빼어난 대비전이 계시다. 자칫 홍봉한보다 더 위험한 척신으로 클 수가 있어."

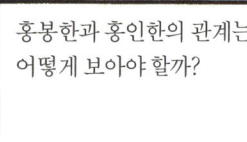

홍봉한과 홍인한의 관계는 어떻게 보아야 할까?

왕은 홍봉한의 보호를 위해 이렇게 설명했지만

김귀주 측은 홍봉한을 홍인한, 정후겸의 배후로 보았다.

몇 가지 정황을 보자. 홍봉한의 자식이 홍인한, 정후겸과 같이 움직였고,

홍인한의 심복들은 서연에서 이렇게 말했더랬다.

대리청정 소식에 그들은 또 이렇게 한탄하기도 했다.

정조 즉위 직후 홍봉한은 또한 청나라로 보낼 사신으로 홍인한을 적극 추천했더랬다.

정조의 거부로 무산되었지만, 어떻게든 동생의 혐의를 덜어보려 한 것이었다.

아무래도 아우는 어렵겠구나.

이런 사례들로 보건대 홍인한이 홍봉한을 배신하지 않았음은 물론이거니와

홍봉한 역시 홍인한의 행보에 반대하지 않았음을 알 수 있다. 다만 딸인 혜경궁을 고려해 한 발 물러서 있었던 것이라 봄이 옳을 것이다.

정조는 신묘년 당시 김귀주와 정후겸이 손을 잡고 일을 벌였다고 말했다.

제2장 숙청과 반발 69

그렇다면 처음 정후겸은 김귀주와 연합했다가 이내 뿌리치고 새로 접근해온 홍인한, 즉 홍씨 일문과 손잡은 것이 된다.

홍인한, 정후겸의 득세를 속절없이 지켜봐야만 했던 김귀주는

척신 척결이 시대적 기치로 떠오른 이때 회심의 뒤집기를 꾀했으나 그 자신이 거센 물결에 쓸려가고 말았다.

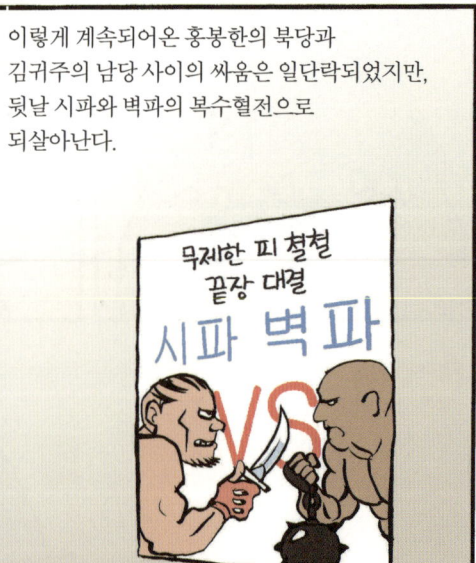

이렇게 계속되어온 홍봉한의 북당과 김귀주의 남당 사이의 싸움은 일단락되었지만, 뒷날 시파와 벽파의 복수혈전으로 되살아난다.

지붕 위의 자객

수색했지만 범인은 잡지 못했다.

그런데 이날 일을 벌인 자들은 날이 샐 때까지 보루각 뒤 숲에 숨어 있었다. 이름은 강용휘와 전흥문.

둘은 그날 일당인 궁중의 별감, 나인 들에게 정보를 얻은 뒤

왕이 있는 존현각 위로 올라가 지붕을 뚫고 침투하려 했던 것이다.

아침이 되어 빠져나온 둘은

열흘 후 다시 시도했다가

잡히고 만다.

조사 결과 전모가 드러났다.

이들의 배후는 홍술해의 처 효임과 아들 홍상범.

앞서 홍국영을 제거하려 했다는 혐의로 홍인한 세력이 대거 축출될 때 홍계희 일가는 큰 타격을 입었다.

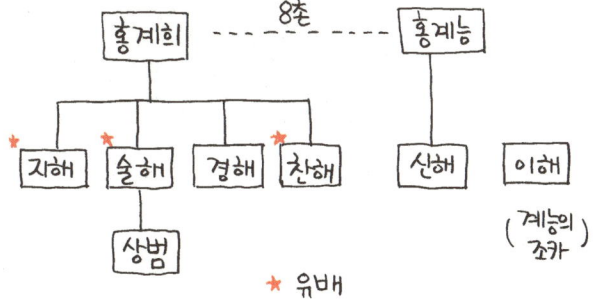

효임은 남편이 귀양 갈 때 종에게 홍국영 저주물을 가져가게 했는가 하면

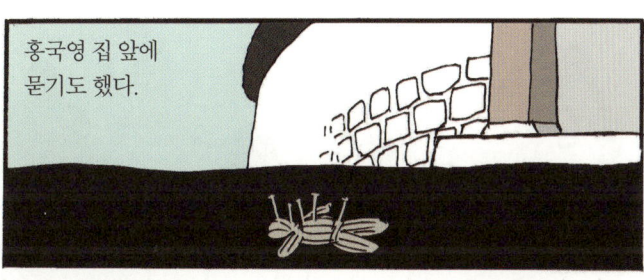
홍국영 집 앞에 묻기도 했다.

아들 홍상범은 직접 왕을 해치고 홍국영을 제거할 준비를 했다.

강용휘, 전흥문을 포섭하고

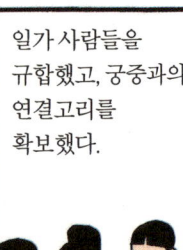
일가 사람들을 규합했고, 궁중과의 연결고리를 확보했다.

그렇게 하고서 벌인 실로 대담한 거사였던 것.

나를 모해해서 장차 어찌하려 했느냐?

종친 중에 현명한 이를 세우기로 했습니다.

홍상범의 사촌인 홍상길

그게 누구냐?

삼왕손이 어질다는 이름이 있어 추대하려 했습니다.

추대 모의를 한 자들을 고하거라.

홍계능이 아들 신해와 조카 이해, 그리고 신이 있는 곳에서 이렇게 말했습니다.

금상은 잘못한 게 많다. 인조반정 때처럼 해야 한다.

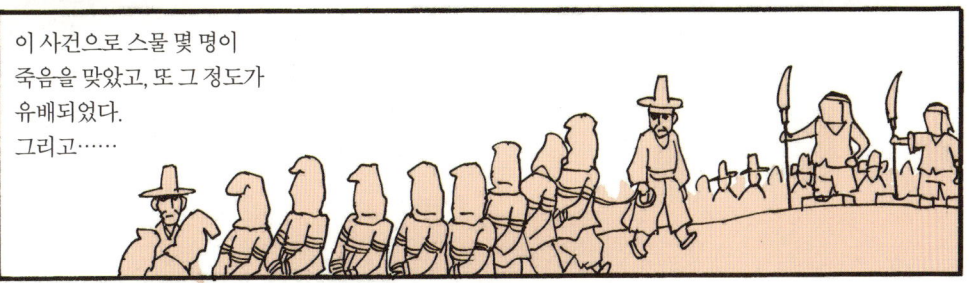

홍국영의 몰락

해마다
서명선이 상소한
12월 3일이 되면
왕은 즉위를
가능하게 한
1등공신들을 불러
위로 모임을 가졌다.

이름 하여
동덕회(同德會).

주요 멤버는 상소의
주인공인 서명선,

동궁의 관원으로 충성을
다짐하고 한결같이 의리를
지킨 정민시,

동궁의 사부로 척신 정치
청산을 주창한 김종수,

그리고 또 한 사람. 1등공신 중의
1등공신이라 할 수 있는 홍국영이다.

영조 48년에 동궁에 들어온 그는
마음이 통하는 벗이자

조정 안팎의 정보를 얻는
통로이자 최고의
참모였고,

믿음직한
경호실장이었다.

그런 홍국영이었기에 즉위 후
그에 대한 왕의 신임은 거의
절대적이었다.

나라를 지킨
단 하나의
인물!

정조 즉위 전후의 역변들을 기록하고 의리를 밝힌《명의록》은 그를 주인공으로 묘사했고,

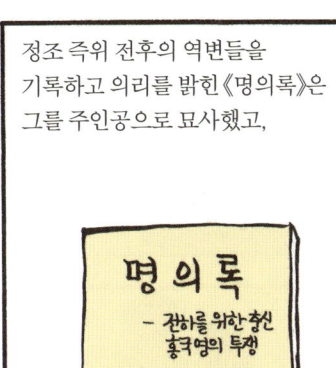

즉위년에 도승지를 맡긴 이래 계속해 바꾸지 않았다.

어느덧 도승지는 그를 가리키는 대명사가 되고 말았지.

수어사를 거쳐 숙위대장, 훈련대장을 맡겼으며

선혜청 제조도 겸임케 하여 재정 부문에도 상당한 영향력을 행사할 수 있게 해주었다.

모든 소와 의견은 그를 거쳐 왕에게 전달됐고,

구선복 등 무장들이 재빠르게 그에게 줄을 서면서 그는 사실상 병권을 완전히 장악하게 되었다.

그 힘으로 왕의 척신 숙청사업을 뒷받침했으니

밀려난 자들이 그를 제거 일순위로 둔 것도 당연하다 하겠다.

그러나 홍국영은 이에 개의치 않고 자신의 힘을 더욱 키워나갔다.

척신 제거의 명분 아래 김종수 세력과 손잡았고

재야 산림으로 명성 높은 송시열의 후손 송덕상을 불러올렸다.

그는 그런 행동들이 자신의 무덤을 파는 일임을 깨닫지 못했다.

정조는 결혼한 지 16년이 되도록 후사를 얻지 못하고 있었다. 이에 대비가 명을 내렸다.

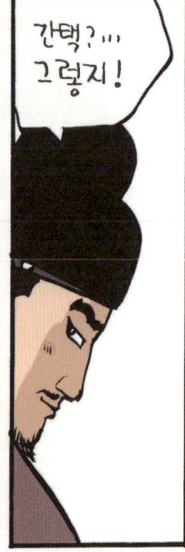

* 금문(禁門): 궁궐의 문.

"이 뒤로는 강호의 산 속에서 노닐 것인데 조보와 사람을 보지 않겠다는 말에서 그 마음을 알 수 있다. 벼슬을 물러난다 하고서 멀리서 조정의 권세를 잡는다면 이것이 어찌 오늘의 뜻이겠는가?"

"이 뒤로는 세속을 벗어난 선비가 되어 노래하는 계집, 춤추는 계집과 어울려 그 몸을 마칠 수 있을 것이니 경들도 틈을 타서 찾아가 만난다면 어찌 아름다운 일 아니랴?"

며칠 뒤 왕은 홍국영을 봉조하로 삼고 정식으로 이별식을 치러주었다.

왕의 송사에 대한 답사로 홍국영은 언로 개방과 탕평의 지속 등을 아뢴 뒤

"생각건대 경은 충효의 완전한 절개가 있고 천지의 뛰어난 기개를 타고났다. 서연에서 공부할 때 지우를 맺었으니 가난한 선비들의 우애와도 같았다. 흉당이 역란을 꾸밀 땐 사생을 잊었고 …… 추대한 충성을 더해 《명의록》에 명백히 실려 있다.

아! 근심의 꼬투리가 아직 제거되지 않았을 때 숙위의 직임을 특별히 맡겼다. 내 복심, 고굉이 되고 군을 맡기니 간성, 주석처럼 여긴 것이 옛 사직신과 같았다."

떠나갔다.

* 고굉(股肱): 임금이 가장 믿고 중요하게 여기는 신하. 늑고굉지신
* 간성(干城): 방패와 성. 나라를 지키는 믿음직한 군대나 인물.
* 사직신(社稷臣): 나라의 안위를 맡고 있는 신하. 나라를 위해 삶과 죽음을 함께하는 신하.

* 문형(文衡): 홍문관과 예문관의 으뜸 벼슬인 대제학의 별칭.

그제야
왕의 마음이
홍국영으로부터
멀어졌음을
안 신하들이
뒤를 이었다.

"홍국영을 유배하소서!"
"홍국영을 중벌로 다스리소서!"
"역적 홍국영을 처형하소서!"

서른에 세상의 정점에 섰던 사내.

서른둘에 봉조하라는 기록을 세운 홍국영.

아무래도 변화된 처지를 받아들일 수 없었나 보다.

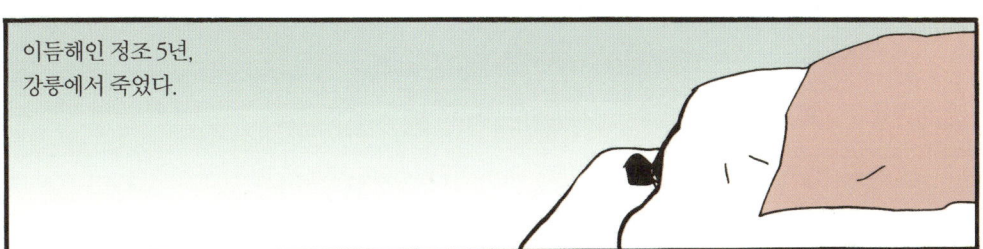

이듬해인 정조 5년, 강릉에서 죽었다.

정조 반차도
정조가 혜경궁을 모시고 수원 행궁까지 가는 모습을 그린 김홍도의 기록화이다.
사진은 이를 청계천변 산책로 벽면에 도자 벽화로 재현한 것이다. 서울시 종로구 소재.

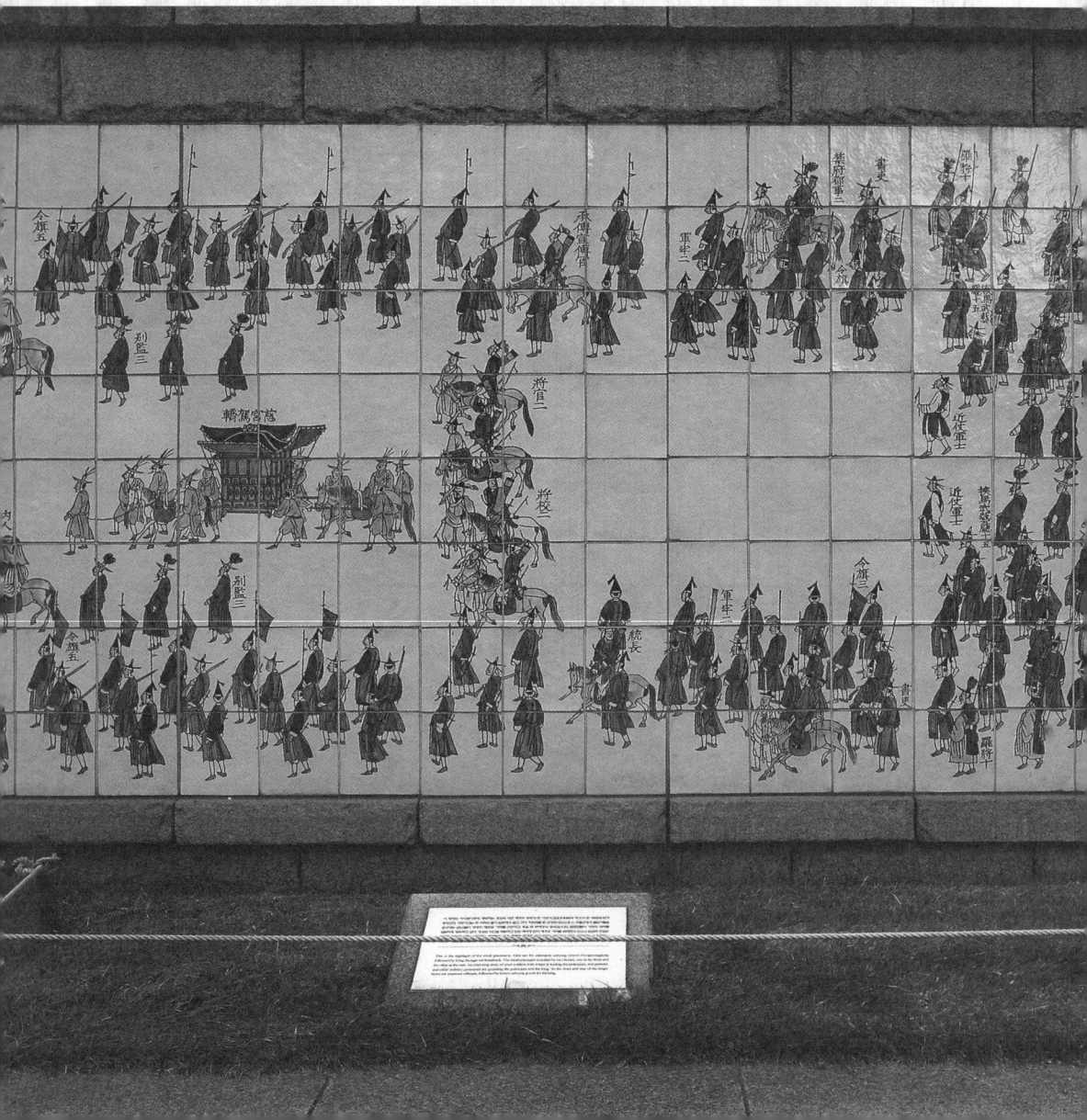

제3장

의리
탕평의 길

계속되는 역변

홍국영이 죽자 영의정 서명선을 시작으로

홍국영에게 빌붙어 그의 음모를 도운 이가 있었으니 바로 송덕상이옵니다.

송덕상 처벌 요구가 이어졌다.

송덕상을 죄주소서!

이에 처음에는 선정의 자손이라 곤란하다던 왕도 결국 받아들여 관작 삭탈을 명했다.
그런데 그는 명색이 사림의 영수.

뒤탈이 따랐다. 호서 유생이 그를 위해 통문을 돌려 선동한 일이 일어났고,

스승님이 무슨 죄를 지었단 말인가?

이 일로 송덕상은 변방에 유배된다.

덜컹 덜컹

이어 평산의 신형하라는 이가 송덕상을 옹호하는 글을 지어 송시열 사당에 고했다가

유배된다.

해서의 박서집이라는 이는 그런 신형하를 칭찬하며 선동했다 하여 또한 유배되었다.
"신형하는 진정한 의인! 안 그렇소?"

이즈음 이유백, 이택징, 권홍징 등의 흉소 사건도 있었다.

이들은 끌려와 국문을 받으면서도 불충의 뜻을 분명히 해 왕을 경악시켰다.

"나는 그리 생각하지 않소."
"나? 네 이노옴! 감히 어느 안전이라고."

"임금이 걸, 주 같은 폭군이면 신하가 탕, 무의 일을 행할 수 있지 않습니까?"

셋 모두 국문 중에 물고되었다.

며칠 뒤 왕대비가 돌연 언문 하교를 내리며 수라와 탕약의 거부를 선언했다.

아녀자가 정치에 관여함은 아름다운 일이 아니다. 그러나 나라가 망하려는 때를 당해 성상이 위태롭고 나라가 위험한 것을 직접 보고도 끝내 한마디의 말도 안 한다면 종사의 죄인이 될 뿐 아니라 하늘에 계신 선대왕의 영령이 어찌 생각하겠는가?

기해년 (정조 3)에 이르러 홍국영 같은 흉악한 역적이 나와 감히 불측한 마음을 품었다. 그리하여 주상의 나이 서른도 차지 않았는데 감히 왕자를 둘 대계를 저지하고 상계군을 완풍군으로 삼아 가(假)동궁이라 일컬으며 흉악한 의논을 마음대로 퍼뜨렸다.

이 언문 전교는 대신만 보아선 안 된다. 누구를 막론하고 임금의 원수와 나라의 역적을 토벌하는 자가 있다면 나의 병은 나을 것이다.

대신 이하 신하들이 부랴부랴 토역을 청하고

역적 홍국영은 관작을 가진 채 죽고 송덕상은 병들어 죽었으며 담은 방 안에서 죽었사옵니다.

법에 따라 역적들에게 해당한 율을 시행하시고 이담의 아비와 형제는 절도에 안치하소서.

제3장 의리 탕평의 길 95

정조식 탕평

김귀주를 끝으로 척신 숙청을 마무리한 즉위년 9월.

왕은 자신이 꿈꿔온 탕평에 대한 구상을 밝힌다.

이른바 노론이라고 어찌 모두 현인일까마는 잡은 바 의가 충이었고 소론이라고 어찌 모두가 악인이랴마는 잡은 바 의가 악이었다.

탕평은 선대왕께서 고심하셨던 바인데 당시 신하들이 뜻을 체득하지 못하고 오직 미봉책으로만 일을 삼아서 심지어는 한 자리의 추천에도 이쪽 저쪽을 참작하여 조정하는 모습을 보여왔다.

때문에 오래지 않아 폐단이 생기고 척리와 권간이 정치를 혼란시키고 사람을 구속시키는 바탕으로 삼아왔다.

아! 탕평이란 편당을 버리고 상대와 나를 잇는 이름인데 세상에서 전하는 바 탕평의 당이 옛날의 당보다도 심하다는 말이 불행히도 사실이 되어왔다.

과인은 춘궁에 있을 때부터 이 폐단을 깊이 알았으니 선악을 혼합하고 시비를 같이 하는 것이 탕평이 될 순 없다고 여겨왔다.

*춘궁(春宮): 왕세자가 거처하던 궁. 왕세자를 뜻하기도 함 = 동궁

영조가 자기 의리만 고집하는 준론을 배제하고 탕평에 동의하는 완론만 끌어들여 탕평을 펴나갔다면

그래서 나의 탕평은 완론 탕평이라 불리고.

정조는 의리를 앞세우는 준론 인사들을 통해 탕평을 펴나갔다.

나의 탕평은 준론 탕평 혹은 의리 탕평이라 불리지.

우선 김종수가 중용되었다.

세손 시절 사부로 일찍이 척신 척결이라는 대의를 함께했던 사이다.

김귀주와 가까웠지만

김귀주 축출 때 왕의 설득을 받아들였다.

내가 한 말을 상소에 베껴 쓰고 신묘년엔 정후겸과 손잡고…

신은 궐 내에서 그런 일들까지 있었던 줄은 몰랐사옵니다.

홍국영과 손잡고 척신 제거에 함께했지만

또 한 사람, 사실 정조가 가장 중시한 이는 채제공이었다.

일찍이 영조 34년에 왕이 사도세자를 폐위하는 전교를 내렸는데 당시 승지로서 눈물로 만류해 취소시켰고, 이후 영조는 더욱 그를 신뢰하고 중용했다.

영조 34년 8월 13일, 임금이 함인정에 나아가 친히 향을 전하였다. 승지 채제공이 계단 위로 급히 올라가 엎드려 말하기를, "삼가 어제 내리신 명령을 초책(草冊)에다 기록할 만한 사실을 써넣으라는 조처를 해넘기 하십니까? … 보았는데 전하께서 어찌 이같은 조처를 돌려드릴까 하옵니다." 신 등은 죽음을 무릅쓰고 문서를 들려 말하기를, "지신사 … 한참 있다가 임금이 마지못해 말하기를, "지신사 (승지)의 말이 옳다. 내 마땅히 받아들이겠다." 하였다.

이 기록인 듯

임오년에는 마침 상을 당해 조정을 떠나 있었다.

아바마마…

또한 그는 숙종조 이래 조정에서 배제되어온 남인 출신이다.

그리고 업무 능력도 빼어나지.

탕평다운 탕평을 위해서도 언젠가는 이뤄야 할 아버지의 신원을 위해서도 반드시 필요한 인물.

정승 채제공

정조 10년 왕은 채제공을 평안 병사에 제수한다.

영조 시절에 이미 주요 판서를 두루 지낸 그로서는 수모일 수도 있는 자리였지만, 그마저도 강력한 반대에 부딪혔다.

"사판에 두는 것도 지나치신데 외직에 보임하다뇨? 이러실 수는 없사옵니다."

판부사 서명선은 아예 배수진을 치고 나왔다.

"신은 채제공과는 한 하늘 아래 살 수 없사옵니다. 만일 채제공이 역적이 아니라면 신은 기꺼이 반좌율을 받겠나이다."

이때 왕은 제기하는 의혹에 대해 직접 변론을 하면서 채제공에 대한 확고한 믿음을 내보였다.

"여러 의혹이 있지만 사실이 아니다."

같은 해 왕은 김치인을 영의정으로 삼았다.

"내가 경을 등용한 것은"

제3장 의리 탕평의 길

"조정의 끝에 격분해서요. 경은 조용히 공격하는 무리를 진정시키도록 하오."

그리고 정조 12년 2월, 마침내 채제공을 우의정에 제수한다.

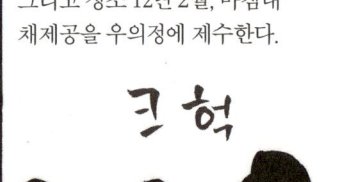

반발하는 승지들은 파직하는 강경한 모습을 보인 다음

다시금 채제공의 혐의에 대해 조목조목 변론한다.

"우상에 대한 혐의는 세 가지인데"

"첫째는 국초(鞫招)이고 둘째는 흉언, 셋째는 가언(家言)의 설이다."

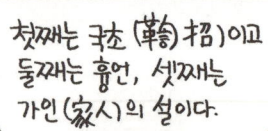

국초란 이덕사, 조재한 등을 추국할 때 한 내시가 한 진술을 말한다.

이리하여 채제공은 정승으로 자리 잡을 수 있었다.

여기에는 김치인 영상이라는 카드가 한몫을 했다.

채제공을 정승으로 발탁한 뒤 왕은 김종수를 불러 말했다.

내가 15년 만에 영상을 다시 기용한 것은

그에게 선상(先相: 김치인의 아비로 노론 탕평파 영수였던 김재로)의 일을 맡겨 이룩도록 함이다.

대체로 근래에 고치기 어려운 폐습이 두 가지 있으니 하나는 서로를 역적이라 하는 폐습이고 다른 하나는 합당한지를 따지지 않은 채 (다른 당이면) 벼슬길을 무조건 막으려 들고 (같은 당이면) 무조건 열려고 하는 폐습이다.

오늘 이후 나는 모든 일을 영상에게 책임지워 관장토록 할 것이니 경도 영상을 도울 방도를 찾도록 하라.

서명선, 김종수 체제로는 채제공 발탁이 어려웠다.

서명선이 노론의 눈치를 봐서 더 강하게 반대해.

제3장 의리 탕평의 길

서학과 문풍

일반 백성, 노비 들에게 이르기까지 퍼져나가기 시작했다.

왕은 이 문제를 비변사의 논의에 부쳤다.

내 생각으론 우리 도(道)와 정학(正學)을 천명한다면 이런 사설은 일어났다가도 절로 없어지리라 본다.

저들이 높이는 대상은 하나는 옥황, 하나는 조화옹(조물주), 제 아비는 세 번째로 여기니 이는 아비를 무시하는 것이옵니다.
남녀의 정욕이 없는 자를 정신이 응집된 자로 여겨 군주로 삼는다 하니 이는 임금을 무시하는 것이라 할 것이옵니다.

비록 그들이 말로는 불교를 배척하지만 대개 불교의 소견을 훔쳐다 자기들 교리로 삼으니 불교의 한 별파라 하겠습니다.

소경의 눈을 뜨게 하고 절름발이를 바로 걷게 했다는 등 허무맹랑하기 그지없으며 하늘의 문을 열고 날아서 들어간다는 설에 이르면 지극히 어리석은 사람이라도 어찌 속을 수 있겠나이까?

제3장 의리 탕평의 길

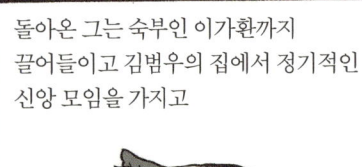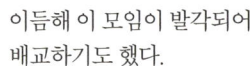

신음도 내지 않았고, 찡그리지도 않았다.

둘은 사형에 처해졌다.

그런데 이 일이 드러난 것은 채제공의 조카 홍낙안을 통해서였다.

그는 채제공에게 편지를 보내 서학의 전파 실태와 윤지충, 권상연의 일을 알리는 한편,

상소를 할 일이지 왜 내게…

같은 내용을 성균관에도 통문했다.

좌상께도 알렸지만…

…

그의 진술로 사건은 확대된다.

이승훈이 아비의 사행을 따라갔다가 사서(邪書)를 갖고 와서 젊은이들을 가르쳤습니다.

교주는 안정복의 사위인 권일신입니다.

이승훈과 권일신은 홍낙안의 말을 부인했다.

책을 사온 것은 사실이나 부친께서 태워버렸고 신 또한 배척하는 글을 지었습니다.

믿지도 않는데 교주라뇨? 신위를 태워버린 것은 놀랍고 망측된 일이고 제사를 폐한 점을 봐도 서학은 사학이 맞습니다.

이에 전 정언 이기경이 이승훈을 반박했지만

왕은 시종 온건한 처리를 고집했다.

정약용과 이승훈, 그리고 저 셋이서 그 교리에 대해 논쟁한 적도 여러 번. 이승훈은 아마 세례도 받아왔을 것입니다.

이와 관련된 책이 유포된 것은 수백 년 전의 일로 이미 《지봉유설》에도 실려 있다. 때문에 유포의 책임을 이승훈에게 돌릴 순 없다.

다만 그가 책을 본 것만은 사실이므로 삭직하고 반성하게 하라.

권일신이 사학임을 인정하는 발언을 한 것은 형사에 한 발자취를 남긴 것이라 해도 좋을 것이다. 설령 그가 입으로만 그렇다 해도 꾸짖고 욕하는 말이 일단 입에서 나왔으니 그가 배운 10년 공부가 햇빛에 녹아내린 얼음 꼴이 되었다 할 것이다.

도리어 고발자인 이기경을 상중인데도 나와 졸렬하게 군다며 경원부에 귀양을 보내버렸다.

그러나 사실 조선의 사대부들에게 천주교의 교리나 신봉자들의 행동은 용납하기 어려웠다.

더군다나 왕의 염려대로 식자층 신봉자의 대다수는 채제공 계열의 남인계여서

이 문제는 언제든지 대폭발로 이어질 수 있는 사안이었다.

> 서학과 관련한 승지 정약용의 해명문 (정조 21. 6. 21.)

신이 이른바 서양의 사설(邪說)에 대해 일찍이 그 글을 보고 기뻐하며 사모하였고, 여러 사람에게 자랑했으니 … 이는 바로 맹자 문하에 묵자이고 정자 문하에 선파(禪派)인 격으로 큰 바탕이 이지러졌으며 본령이 그릇된 것으로, 그 빠졌던 정도나 지속한 기간은 논할 것도 없는 것입니다.
비록 그렇기는 하나 증자가 이르기를 '내가 올바른 것을 얻고서 죽겠다' 했으니 신 또한 그리 하려 합니다.

신이 이 책을 본 것은 약관의 초기였습니다. 이때는 천문, 역상, 농정, 수리에 관한 기구, 측량하고 실험하는 방법을 잘 말하는 자가 있으면 해박하다 했으므로 신이 어린 나이에 이를 사모했습니다. … 그리하여 그것을 유문(儒門)의 별파쯤으로 알고 기이한 구경거리가 되는 것으로 보아 다른 사람과 담론하면서 꺼리지 않았고, 다른 사람의 비난이나 배격을 당하면 그의 견해가 좁고 비루하다고 의심했으니 근본 뜻을 캐보면 대체로 이문(異聞)을 넓히려는 것이었습니다.
⋮

그 글 가운데 제사를 지내지 않는다는 설은 신이 옛날에 보았던 책에서는 보지 못했던 것으로 … 조상을 알아차리는 승냥이나 수달이라도 놀랍게 여길 일인데, 진실로 사람으로서 약간의 도리라도 아는 자라면 어찌 마음이 무너지고 뼛골이 떨려 그 어지러운 싹을 끊어버리지 않을 수 있겠습니까?
그런데 불행히도 신해년의 변고(윤지충, 권상연의 일)가 발생했으니 신은 이때부터 화가 나고 서글퍼 마음속으로 맹세하여 미워하기를 원수처럼 하였으며 성토하기를 흉악한 역적처럼 하였습니다.
양심이 이미 회복되자 이치를 보는 것이 분명해져 지난날에 일찍이 좋아하고 사모했던 것을 돌이켜 생각하니 허황되고 괴이치 않은 것이 없었으며 지리, 기이, 달변, 해박한 글도 패가 소품의 지류에 불과했습니다. …

(이제는) 심장을 쪼개고 창자를 뒤져도 실로 남은 찌꺼기가 없습니다. 그런데도 위로는 군부에 의심받고 아래로는 당세에 나무람을 당해 입신한 것이 한 번에 와해돼 버렸으니 살아서 무엇하겠으며 죽어서 어디로 돌아가겠나이까? 신의 직임을 갈고 내쫓으소서.

선(善)의 싹이 봄바람에 만물이 싹트듯 하고, 가득 열렬한 말은 사람을 감동시키기에 충분하다. 사직하지 말라.

시파와 벽파

당파로서 의미를 갖는 시파, 벽파는 곧 노론 시파, 노론 벽파를 말한다.

그런데 노론 시파, 노론 벽파로 한정해도 그에 대한 설명에는 많은 혼동이 있는 실정이다.

시파, 벽파의 분열 자체가 정조 시절에 이루어졌는데도 영조 시절까지 소급해 쓰면서 혼동이 빚어지고 있는 것 같다.

심하게는 이러한 단순한 도식까지 눈에 띄는 실정이다.

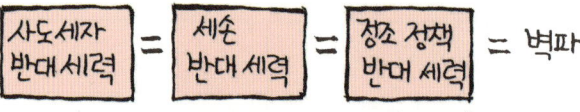

사도세자의 죽음과 관련한 책임 문제를 보아도 그렇고

사도세자의 죽음 이후를 보아도 사실과 많이 다른 분류다.

세손이 아직 어린 동안은 사실 이렇다 할 세손 반대 세력이 없었다.

왕에 의해 사도세자의 원수로 지목된 김상로와 홍계희는 임오년 이후 권력 핵심에서 밀려났고

김상로는 부패하다는 공격을 받고 유배되기도 했고

홍계희도 봉조하에 제수돼 일선에서 밀려났지.

영조 42년, 47년에 각각 세상을 떴다.

슬프다. 홍계희가 죽었구나.

앞서 본 대로 홍봉한 일가는 세손의 보호자를 자처하면서 더욱 득세했지만

장성한 세손이 불신을 내보이면서

반대 세력으로 돌아섰다.

정후겸과 손잡고 대리청정을 막으려 한 쪽도,

자객을 보내는 등 역모를 꾀한 쪽도 그들이었다.

반면 정순왕후, 김귀주 진영은 오히려 세손 보호를 내걸며 홍봉한과 맞섰다.

왕도 이렇게 증언하고 있다.

아! 과인에게 오늘이 있게 된 것은 참으로 우리 자전의 성대한 덕과 은혜 덕이다. 선대왕의 대리청정 명을 도와 미리 큰 계책을 결정하고 흉악한 무리가 선동하는 모의를 살펴서 화의 싹을 미리 꺾어놓았다.

비록 김귀주와 가까워 남당으로 불렸던 이들이 뒷날 벽파의 주류가 되고

홍봉한의 주변에 포진했던 북당의 잔여 세력이 시파의 주요 구성원이 된 것은 사실이지만

앞의 도식은 사실 관계에서 많이 비껴난 구분이라 하겠다.

시파·벽파가 분열하기 시작한 시점을 《실록》은 정조 4년이라고 하는데

시(時)니 벽(僻)이니 하는 표현은 정조 8년에 가서야 비로소 등장한다.

김하재는 전 영의정 김양택의 아들로, 순탄한 벼슬 생활을 하고 있었다.

정조 8년 윤득부를 추천한 일로 이조 참판에서 체직되었지만

체직 정도는 벼슬 생활을 하는 이라면 누구나 몇 번씩 겪는 대수롭지 않은 일이다.

그런데 그 때문이었는지는 모르나 영조를 제사 지내는 자리에 헌관으로 참여했다가

뜻밖의 대형 사고를 치고 만다. 조그만 쪽지를 예방 승지에게 건넸는데

임금에 대한 욕설로 가득했다 한다.

＊헌관(獻官): 제사를 지낼 때 제관을 대표해 잔을 드리는 사람.

국문장에 끌려온 김하재의 답변 또한 황당했다.

그해 말, 앞서 본 심환지의 서명선 탄핵이 있었고

화가 난 왕은 김종수를 이조 판서에서 해임하고 불러 질책했던 것인데

이때 김종수 그룹의 일원인 이노춘이 소를 올렸다가 절도에 유배되는 일이 벌어진다.

이런 구절이 있었기 때문이다.

시의(時議)를 주창하는 사람들은 온 세상을 침묵시키거나 호 불호를 사적으로 처리하며 …

이노춘이 말한 시의의 시 자는 무엇인지 모르겠다.

일단 하찮은 죄에 걸려들기만 해도 대뜸 역적으로 모는데 이는 근래의 고질적인 폐습이다.

시의의 시 자는 역적 김하재에게서 나온 흉악한 말인데 이노춘이 말한 시의란 두 글자는 같은 명분을 만들어 쓴 것이다.

들으라! 시의에 들어간 자는 마땅히 나라 편이 되어야 할 것이고 시의에 등진 자는 역적 편이 되어야 할 것이다. 시의를 공격하는 자는 결단코 틈을 노린 무리일 것이다!

며칠 뒤 김종수 삭출 명을 내리며 왕은 또 이렇게 말했다.

내가 김종수와 영상(서명선)을 함께 불러 조정을 화해시킬 것을 당부하고 기다렸다. 내가 바라는 것은 화기를 보호해 조정을 크게 단합시키는 것인데 평지풍파가 일지 않은 날이 없고 암암리에 서로 죽이기를 일삼고 있다.

이상의 일들을 통해 유추해보면 김종수 그룹은 정조의 탕평에 반대를 분명히 했고

그들을 비판하는 쪽에서는 '시의'를 들어 김종수 쪽을 공격했다.

그러자 김종수 그룹에서는 반대자들을 시의에 영합하는 자들이라고 성토했다.

그렇게 시파와 벽파는 모양을 갖춰나갔다.

그런데 정조 초 노론은 김종수 그룹이 주류로 떠오르면서 벽파가 다수파가 되었지만

김종수 그룹 안에서도 분화가 일어났다.

일부가 시파로 전향한 것이다.

또한 규장각을 통해 성장한 소장파 가운데서도 국왕 지지자들이 생겨났다.

공신 정민시 같은 이도 시종일관 왕의 입장을 옹호하는 편에 섰다. 그렇게 노론 시파도 무시 못할 세력으로 자리 잡아나간 데다

판의 뒤집기를 도모하는 채제공의 남인과 상대해야 해서 벽파로서는 정조 연간이 버거운 세월이 되었다.

정순왕후

근래 정순왕후(예순대비)는 사도세자의 죽음을 이끌어낸 배후 조종자요

세손의 즉위를 막으려 한 세력의 수장이자

즉위한 정조를 끌어내리려 호시탐탐 꾀하다가

정조 사후 정조의 개혁을 무너뜨려버린 반동정치의 주역으로 묘사된다.

그러나

그녀가 궁에 들어왔을 때인 영조 35년 당시 고작 열다섯 살이었고

그 이전에 이미 영조와 사도세자 사이의 갈등은 충분히 깊어진 상태였다.

왕을 제외한 제일의 실력자는 그녀가 아니었다.

김귀주를 유배로 몰고 간 영조 48년의 상소를 복기해보자.

상소 직전 세손은 정순왕후를 만나 이런 말을 했다.

'외조부가 자신의 말에 동의하지 않자 '저하께서 제 말을 듣지 않으시면 이러저러하게 될 것입니다' 라고 했사옵니다.

이 사실은 무엇을 말하는가?

우선 세손이 홍봉한을 무척 경계하고 있었다는 것과

그야 이미 공인된 사실이고

뜻밖에도 정순왕후를 신뢰하고 있었다는 해석을 가능케 한다.

살펴 가거라. 동궁.

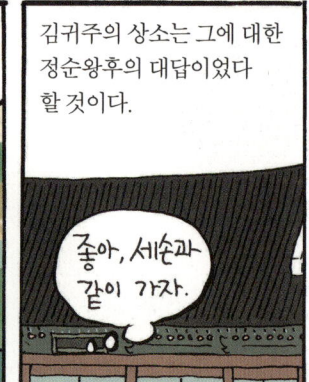

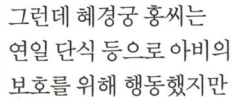

명을 듣지 않는 자에게는 파직 등의 벌을 내렸지만, 신하들의 저지는 계속되었다. 노상 실랑이는 대비가 나서며 정리된다.

* 조사(朝士): 벼슬살이를 하고 있는 사람. 늑 조신(朝臣), 조관(朝官)

*사제(私第): 개인 소유의 집. 궁궐 밖에 있는 개인의 집.

왕은 인륜을 내세웠고  대비는 종사를 앞세웠다.

동생과 역적. 신하들이 볼 때 명분은 대비 쪽에 있었다. 그 때문에 노론은 물론 소론과 채제공까지도 대비의 행보에 동조했다.

그녀는 언제나 명분을 쥐고 움직였고, 일단 나서면 단호하고 강경한 태도로 자신의 뜻을 관철했다.

어느덧 신하들은 그녀를 이렇게 칭했고

백성의 눈에도 그녀의 존재는 두드러져 보였으리라.

제3장 의리 탕평의 길 139

화성 행궁
정조가 사도세자의 능을 천장하고 나서 조성한 576칸 행궁이었는데,
일제강점기에 대부분 훼손되고 사라진 것을 1989년 복원 작업에 착수해 2024년 완료했다.
경기도 수원시 소재.

제4장

사도세자
추숭을
둘러싸고

지극한 효성

선왕의 엄중한 하교가 있어 함부로 드러낼 수는 없었지만 언젠가 아비를 신원하고 추숭하리라는 것은 사그라질 수 없는 염원이었다.

어느 정도 정치적 안정이 이루어졌다고 여긴 왕은 신원, 추숭을 위한 한 걸음을 내딛기로 한다.

정조 13년, 금성위 박명원이 소를 올려 사도세자 묘의 천장을 청했다.

떼는 말라죽고 뱀이 묘역 곳곳에 또리를 틀고 있어…

때문에 뒤를 이을 자손도 더뎌지고 있사옵니다. 바라옵건대 널리 물으시어 천추만대의 원대한 계책이 되게 하소서.

경들의 생각은?

＊ 반룡농주(盤龍弄珠): 용이 똬리를 틀고서 여의주를 물고 있음.

*지문(誌文): 죽은 사람의 생애와 무덤의 위치 등을 적은 글.
*수도(隧道): 무덤으로 통하는 굴길.

경이 말한 바는 감탄할 만하다.

만일 반포를 하려면 별도의 글을 지어 의리를 밝히는 것이 옳겠지만 지문은 성격상 다른 점이 있사옵니다.

더욱이 지극히 난처하고 지극히 말하기 곤란한 부분에 있어서는 비록 완곡하게 표현할지라도 보는 자는 저절로 그 밖의 뜻을 이해하게 될 것이옵니다.

왕이 직접 지은 지문은 《실록》의 기록과 많이 다른 내용을 담고 있다.

영조 29년 후궁 문씨가 잉태했을 때 역도들의 음모와

아들만 낳으면

수군수군

영조 32년 낙선당 화재가 있었는데, 역도들이 세자가 술을 마셨다는 루머를 퍼뜨린 일,

영의정 이종성이 죽는 날까지 세자를 보호하려 했다는 것,

효종의 뜻을 계승하려 했던 세자의 모습,

의술, 병서에 대한 남다른 식견,

관서행은 도적들의 모의를 막으려 한 것이었고,

홍계희가 병란을 일으키려 하자 급히 돌아왔다는 것,

영조가 이후 여러 번 후회의 뜻을 보였다는 것 등을 담고 있다.

자질이 훌륭했지만 내가 인자하지 못했다.

천장은 그해 10월에 행해졌고

이듬해인 정조 14년에는 화성 행궁이 이루어졌으며

정조 20년에는 화성 축성이 완료되었다.

왕의 구상은 이런 게 아니었을까.

이를 시비 문제로 끌고 가면 어려워져. 조정이 지지파와 반대파 간의 전장으로 바뀌고 말아.

시비가 아니라 지극한 효성으로 행하는 일이니 반대하기 어렵겠단 분위기를 만들어야 해. 천장 때처럼.

그리하여 선왕께서 오랜 기다림 끝에 소론의 동의 아래 자기신원을 이룬 것처럼

시간이 걸려도 노론까지 포함한 모두의 동의 아래 신원과 추숭을 이루고 싶어.

천장 이후 왕은 해마다 도성 문을 나서서는

한강에 놓은 배다리를 건너

제4장 사도세자 추숭을 둘러싸고

영남만인소

정조 12년, 경상도 유생들이 상소해 무신년 창의 격문과 그 과정을 아뢰었다.

영조 시절의 무신난으로 인해 영남지역 선비들은 벼슬길이 막혀버렸다.

반역의 땅!

이에 유생들이 소를 올려 이런 뜻을 아뢴 것이다.

반역에 맞서 창의의 깃발을 올린 영남의 선비들도 많았심더.

영남은 사대부의 고향, 그때 영남인 중 속임과 유혹을 받아 역적이 된 자도 간혹 있겠으나

이 때문에 영남의 앞길을 막아서야 되겠는가?

왕의 답변은 영남 유생들을 크게 고무했다.

오옷! 그런 말씀을?

아!…

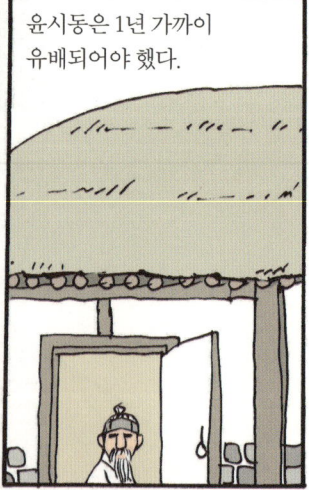

*여악(女樂): 궁중의 기녀 또는 그들의 노래와 춤.
*금원(禁苑): 궁궐 안에 있는 동산이나 후원.

윤구종을 잡아다 국문하니 발언을 인정했다.

채제공이 슬쩍 방향을 틀고

전 장령 이지영은 본격적으로 사도세자의 일을 들고 나왔다.

이들은 무려 1만 명이 넘는 유생들이 연명한 상소를 올린다. 유명한 영남만인소다.

＊변석(辨析): 옳고 그름을 따져서 이치를 밝힘.

영남에 대한 믿음을 표현하고는 다소 모호한 비답을 내렸다.

다시 용기를 얻은 영남 유생들이 2차 만인소를 올렸다.

애통한 윤음을 내리시어 선세자께서 무함을 입게 된 까닭을 팔도에 반포하시고 역적들에겐 노적, 추탈의 법을 시행하시어 윤리와 기강을 세우시고 유성한의 소굴을 조사하시어…

그대들의 청은 내가 감히 따를 수 없고 감히 하지 못할 뿐 아니라 차마 못하는 것이다.

내가 결단코 지키려는 분심이 선왕의 뜻을 받들고 선왕의 아름다움을 드러내는 데서 나온 것임을 알라.

이어 정리 수순에 들어갔다.

영남 유생들에겐 양식을 주어 내려보내도록 하고

이 이상은 유성한과 관련한 소를 올리는 일이 없도록 하라.

중희당에 대신, 비국 당상, 각신 들이 모였다.

경들은 생각해 보라. 내가 즉위한 이래 모년의 의리에 대해 한 번도 분명한 말로 이르지 못했고 원수들을 주륙한 것도 다른 일로 안해서였다.

원수를 숨기고 원한을 잊어서가 아니다.

＊노적(孥籍): 대역죄인 본인을 극형에 처하고 처자를 연좌해 노비의 적에 올리고 재산을 몰수하는 처벌.
＊추탈(追奪): 죽은 뒤에 직첩 등을 빼앗음.

* 징토(懲討): 적이나 죄인을 징계하기 위여 다스림.

의리 탕평의 파탄

노론 벽파는 사도세자의 죽음에 큰 책임이 없다.

그런데도 사도세자 신원에 적극 나서지 않았음은 물론, 이후 반대한 것은 그것이 채제공의 남인이 내거는 핵심 의리였기 때문이다.

저자들은 선세자께 아무런 문제가 없었고 단지 무함당했을 뿐이라 주장해.

이는 선대왕을 바보거나 포악하기만 한 군주로 내몰고 당시의 조정 세력을 전면 부정하는 데로 흐르게 돼.

그리되면 척신들까지 죄다 노론이었을 정도로 당시 조정의 담당자였던 우리 노론은 일망타진되고 말 거야.

*교목(喬木): 키가 크고 굵직하며 곧게 잘 자란 나무.

*금등(金縢): 비밀스러운 글을 넣고 쇠줄로 단단히 묶어두는 상자.

금등 이야기가 실제 있었던 일인지는 모호하다.

그러나 왕이 나서서 이렇게 설명하는데, 신하들이 계속 의혹을 제기할 수도 없는 노릇이어서

조정은 다시 조용해졌고, 채제공도 무사했다.

이 일로 확인된 것은 노론 벽파와 남인 채제공 사이의 탕평은 억지 탕평일 뿐이라는 것과

사도세자 추숭에 벽파의 동의를 얻어내는 일도 결코 쉽지 않으리라는 사실이었다.

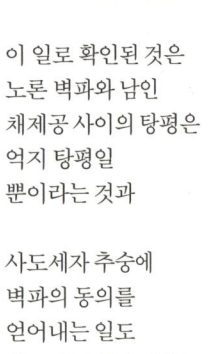

노론 벽파의 수장 김종수는 결코 신중한 성격이 아니었다.

수어사로 있을 땐 사소한 일로 병판과 다투어 눈총을 산 바 있고

우의정으로 있을 때는 궐문을 지키는 호군과 부장을 멋대로 묶어 성 밖 몇 리까지 끌고 갔다가 지탄을 받기도 했다.

정조 18년에는 경모궁에 참배하다 왕이 오열하며 주저앉자 대신들이 앞다투어 부축한 일이 있었는데

이를 가지고 상소했다가 왕의 격노를 사기도 했다.
김종수는 내게 모욕감을 줬어.

이 일로 그는 위리안치까지 되었다.
…ㅇㅇㅇ

그 밖에도 크고 작은 말썽들이 많았지. 다른 사람 같았으면 벌써 아웃됐을걸.

왕은 이렇게 말하면서도
내가 그를 죽을 뻔한 죄에서 구해 준 게 몇 번인지 모르겠다.

다시 불러 쓰곤 했다. 벽파의 영수라는 지위 때문이기도 했지만, 그만큼 신뢰가 컸다는 방증이기도 하다.

제4장 사도세자 추숭을 둘러싸고

김종수는 정조 23년 1월에 죽었다.

그리고 정조의 탕평이 완전히 끝났음을 확인이라도 하듯

열하루 뒤에는 채제공이 죽었다. 왕은 이런 말로 안타까움을 표했다.

이 대신은 불세출의 인물이다. 무슨 일을 만나면 주저 없이 담당해 조금도 두려워하거나 굽히지 않았다.

내가 즉위한 뒤로 참소가 빗발쳤으나 뛰어난 재능은 조금도 꺾이지 않았다. 이에 위험한 가운데 그를 발탁해 재상의 자리에 올렸다.

이제 곧 80이 되면 궤장을 하사하려 했는데 ···

김종수의 뒤를 이어
벽파의 수장이 된
이는 심환지.
벽파에서도
강경파로
손꼽히는 인물.

채제공의 뒤를 이은 이는
없었다. 이가환은 계속된
견제로 남인의 세력화를 이끌
인물로는 성장하지 못한 것.

소론은
뚜렷한
자기 의리를
갖지 못한
상태여서

정조의 마지막 2년은 소론계인 이병모, 이시수가
재상에 있었지만, 좌의정 심환지가 단연
돋보였다. 그만큼 벽파는 다시 힘을
갖춰나갔다.

채제공처럼
왕의 염원을 위해
몸 던질 수 있는
역량 있는 인물이 없어
가뜩이나 외로운데

몸은 병들고
급격히 노쇠해갔다.

주합루
왕실의 도서를 보관하고 왕과 신하들이 정사를 논하던 규장각의 중심 건물이다.
창덕궁 후원에 있으며 1776년 정조가 즉위와 함께 사대부 정치를 복원하기 위해 세웠다.

제5장

개혁적
유학 군주

시대와 정조

정조는 1776년부터 1800년까지 25년간 왕위에 있었다. 이 기간에 영국에서는 세계사의 대격변을 몰고 올 산업혁명이 시작됐고

미국은 독립을 선언했다.(1776년)

1789년에는 프랑스혁명이 일어났다.

한편 청나라는 건륭제의 시대로 60년 재위 동안 사회는 안정됐고, 수도 북경은 서양의 상인과 선교사 들로 넘쳐났다.

그들 내에서도 권력 독점을 위해 당파 간의 치열한 혈전이 계속돼온 터.

경종 지지와 영조 지지로 노·소론이 치열한 싸움을 벌인 것처럼

이미 신하들은 왕위조차도 자신의 입맛에 맞게 선택하려 들었다.

어지간한 정치 역량을 가지지 못한 왕은 허수아비로 전락할 수밖에 없을 정도로 왕권은 추락해 있었다.

지방 사족들에게 중앙 벼슬은 이제 먼 나라 이야기가 되었다. 그런데 과거 급제를 위한 첫 관문인 지방의 초시는 더욱 과열되었으니, 다음의 이유에서였다.

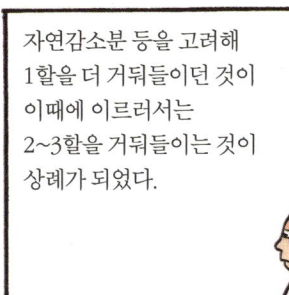

그렇게 환곡은 백성에게 가장 큰 폐해로 자리 잡았다.

신공을 바치는 공노비의 고통도 극심해서

이즈음에 와선 노비의 신공도 쌀이나 포 같은 현물 화폐로 받았습니다.

오래전부터 도망 노비가 속출했다.

정조는 자신의 앞에 놓인 시대의 흐름과 병폐의 심각함을 잘 알았다.

아비의 죽음과 세손 시절을 견뎌냈고

즉위하자마자 척신들을 과감히 물리친 데서 보이듯

그는 엄혹한 시대를 감당할 만큼 강인하고 결단력이 있었다.

그는 또한 태조 이성계의 현신이라 할 만큼 명궁이었다.

세손 시절에 즐겨 쏘았지만 오랫동안 놓고 있던 활을 정조 16년에 다시 잡았는데 50발을 쏘아 41발을 맞혔다.

이는 하늘이 내린 것이지 사람의 힘으로 된 것이 아니옵니다.

그 후로 자주 춘당대에 나가서 활을 쏘았는데

한 번 49발을 맞힌 뒤로는 어김없이 49발을 명중시켰다. 그리고 하는 말.

내가 요즘 49발에 그치고 마는 것은 모조리 명중시키지 않으려 해서다.

어느 날에는 49발을 맞힌 다음 곤봉을 놓고 쏘았는데, 10발을 쏘아 모두 명중시키기도 했다.

실로 최고의 문과 최고의 무를 겸비한 임금이었다.

음메 기죽는 거

제5장 개혁적 유학 군주 183

정조의 정치

정조 시대의 상징인
규장각 설치의 가장 큰 이유도
사대부 정치 부흥에 있다.

왕의 설명을 들어보자.

오늘날 내가 믿고 의지하는 이는 조정의 신하들뿐이다. 척신 가운데는 믿을 만한 이가 있어도 쓰지 않겠다는 것이 나의 의지이다.

이 때문에 제일 먼저 규장각을 건립하고 정신을 선발해 그 직책을 맡겼던 것이다.

이어 왕은 사대부들의 실태를 말하고 문풍 진흥을 위한 방도로 규장각을 세웠다는 것 등을 말했다.

규장각이 외부적으로 내건 목적은 역대 왕들의 글과 글씨 등을 정리, 보관, 출판하고

중국과 국내의 서적들을 보관하고 연구와 출판 작업을 담당하는 것이었다.

동시에 왕은 그 과정을 통해 당색에 물들지 않은 신하들을 길러내려 했던 것.

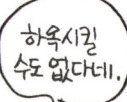

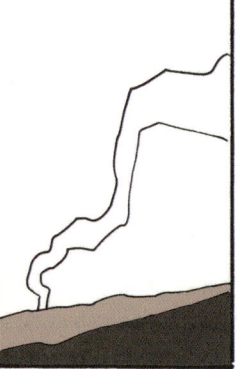

＊표문(表文): 중국의 황제에게 보내는 외교 문서 가운데 하나.
＊전문(箋文): 중국의 황후나 황태자에게 보내는 외교 문서 가운데 하나.

물론 매뉴얼이 갖춰졌다 해서 그대로 잘 행해지는 건 아니다. 정조 19년, 이양선 한 척이 황해도 오차진에 정박했다.

해당 변장은 즉시 군사를 이끌고 가 활과 총을 겨누며 위협했다. 숙지한 매뉴얼대로.

뭐하는 놈들이냣?

그러나 이양선 선원들이 상륙해 몽둥이 등을 휘두르며 달려들자

변장 이하 군사들은 무기까지 버리고 도망가버렸다나.

장군님, 이것도 매뉴얼에?

시꺼

왕은 경학 중심의 보수적 학문관, 정치관을 갖고 있었지만

현실의 폐단을 경장하는 데는 보수적 유학자들과 크게 달랐다. 경연장에서 송나라 정치가 왕안석이 화제가 된 적이 있었다.

왕안석의 신법 중 병제를 개혁한 법 등은 좋은 법인데 모두 폐지해버려 나라가 약해졌다.

상품경제가 발달하면서 곳곳에 자연발생적으로 난전들이 생겨났다.

그러나 그들은 금난전권을 내세운 시전 상인들에게 물건을 싼 값에 강매 당하는 등 피해를 보아야 했다.
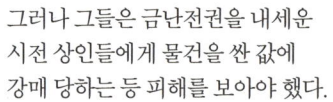

이에 정조 15년, 채제공이 그 실태를 아뢰고 금난전권의 폐지를 청한 것.

신하들도 대부분 찬성하면서 채제공의 제안은 받아들여졌다.

시전 상인들은 이후 채제공의 앞길을 막으며 원상회복을 호소하곤 했지만

왕도

채제공도 단호해서

금난전권은 완전히 폐지되었다.

* 백골징포(白骨徵布): 죽은 이에게 군포를 징수하는 일.
* 황구첨정(黃口簽丁): 어린아이에게 군포를 징수하는 일.

부녀자들의 가체가 사치로 흘러 파산하는 이가 속출하자 영조는 이를 전격 금지했다가

말년에 다시 허용한 바 있었는데, 정조는 다시 이를 단호히 금지했고

"온 나라의 부녀자들이 다리 얹는 것을 일체 금하도록 하라. 부녀자의 복식이 정치와 무관하다 말하지 말라!"

계속해서 관리했다. 사대부가의 여인들이 호응하지 않았기 때문이다.

"경들의 집안부터 단속해라."
"마누라들이 말을 안 들어요. ㅠㅠ"

궁녀, 내관 들의 기강을 단속했고

"민간에게 피해가 가지 않도록!"

내수사가 직접 민간에게 어떤 요구도 하지 못하게 했다.

"좋은 시절 다 갔네."

정조의 정치에서 여러 개혁 조치보다 더욱 빛나는 것은 지속적이고 치밀한 관리라 하겠다.

백성의 소리에 귀 기울이고 나서는 모든 문제를 깊이 파악했다.

실로 타고난 자질,
훌륭한 자세, 성실성 등
군왕으로서 부족함 없는
군주였고
걸맞은 정치였다.

시대의 한계, 정조의 한계

사실 웬만한 왕이라면 적어도 재위 10년을 넘길 쯤에는 신권에 대한 왕권의 우위를 확보하게 된다.

정조도 예외가 아니었고, 벽파의 정조 시책 반대도 따지고 보면 왕이 허용해준 범위 안에서의 반대였다.

"준열하게 각 당, 각자의 주장을 펴도록."

다만 벽파는 의리를 앞세우는 세력이었기 때문에

왕이 강하게 나올 때면 물러나 숨죽여 있을지언정 의리를 바꾸지는 않으려 했다.

"그래도 우리의 주장이 옳아요"

그것이 정조에겐 부담이었다.

"못이기는 척 따라주면 좋으련만..."

정조가 병을 얻고 죽을 때까지의 과정을 《정조실록》은 상세히 묘사하고 있다.

유사한 병으로 죽은 여느 왕들처럼 정조의 병세는 죽음으로 이어질 만큼 충분히 심각했다.

"종기에서 피고름이 몇 되나..."

정조는 한창나이인 25세에 즉위하여 25년을 보위에 있었다.

뜻을 펴기에 부족하지 않은 세월이었다.

세종은 33년을 재위했지만 뒤의 6년은 세자인 문종이 일을 맡아 했고

영조는 53년을 재위했지만 30년 이후의 역사는 부정적인 면이 컸죠.

25년 동안에도 펴지 못한 정조의 개혁 구상이 무엇인지 궁금하다.

정조가 서얼 출신의 개혁적 유자들을 규장각 검서관에 발탁하고

이가환, 정약용 등 남인 인물들을 서학 관련자란 흠이 있는데도 아낀 데서

정조=실학자들의 후원자 혹은 동지라는 등식이 성립될 수 있을까?

제5장 개혁적 유학 군주 197

*삼대(三代)의 정치: 유교에서 이상적으로 생각해온 하나라, 은나라, 주나라의 정치.

조선 유학의 도통이 자신에게 있다고
자신할 수 있었던 것도 경서를 비롯해
주자 연구에 누구보다도 정통했기
때문이다.

수원성 축성이나 장용영의 설치,
심지어 화성 행차까지도 개혁적 행보로
높이 평가되곤 한다.

본격 개혁의 근거지 화성!

5군영 개혁의 기관차 장용영!

백성과의 직접 정치

장용영은 기존의 5군영
체제에 대한 문제의식에서
만들어지긴 했지만

군제의 개혁보다는
왕 스스로도 말했듯이
'다른 뜻'이 있다.

화성 행차도 백성을 향한
직접 정치라는 긍정성이 물론
있긴 하지만, 많은 비용 등
반대급부도 적지 않다 할 것이다.

신해통공, 서얼허통,
공노비 신공에 대한 개혁 노력,
법과 제도의 정비 등
앞서 본 개혁 조치들 외에
다른 개혁 구상이 있었는데
펴보지 못했던 걸까?

이 시대의 가장 큰 개혁 과제는 사대부 영역에는 과거와 관직의 서울 독점 문제였고

백성에게는 환곡의 폐단이었다.

이에 대해 왕은 감사, 수령 들에게 각 지방의 인재를 추천케 하여 불러 보고 낮을 벼슬을 내리고

"함경도에서 추천되어 올라온 선비들이옵니다."

"이리 오라. 내 직접 시험을 내겠노라."

수령 단속을 통해 폐단이 심해지는 것을 막았다. 그러나 근본적인 해결과는 거리가 먼 조치들이었다.

청나라를 통해 전해오는 세계사적 변동에 대해서도 어느 정도 이해는 있었지만 많이 부족했다. 시대의 한계라 해야겠지만.

이루지 못한 꿈

정조 6년에 태어나

때 이른 총명과 조숙함으로 임금의 사랑을 받았던 문효세자가

정조 10년에 죽고, 이어 어미인 의빈 성씨도 죽었다.
저하!
마마!

이에 정조 11년에 수빈 박씨를 새로 들였으나 몇 년째 후사는 생기지 않았다.

새 원자는 사도세자의 천장이 이루어지고, 화성 행궁이 마무리된 직후 태어났다.

감축드리옵니다. 왕자마마이십니다.
오!
와우! 저번 박명원이 천장을 청할 때 한 말 기억나?
기억나지. 묘에 문제가 많아 후사가 생기지 않고 있다고 했지. 신기하네.

화성 행궁과 성곽, 장용영은 과연 무엇을 위해 마련된 것일까?

천도를 위해서라는 주장도 있지만, 그러기엔 규모가 너무 작다는 주장이 더 설득력이 있다.

혜경궁은 《한중록》에서 이렇게 왕의 말을 소개하고 있다.

갑자년(1804)이면 원자 나이 15세입니다. 족히 왕위를 전할 만합니다. 그래서 저는 어마마마를 모시고 화성으로 가 제 평생 경모궁 일에 직접 행하지 못한 한을 풀 것입니다.

이 일은 제가 선대왕의 하교를 받았기 때문에 행하지 못한 일입니다. … 원자는 내 부탁을 받아 내 뜻을 이뤄줄 것입니다. 내가 행하지 못한 것을 원자가 대신해서 행하는 것이 또한 의리지요. 오늘 날 신하들은 나를 따라 하지 않는 것이 의리이고, 다른 날 신하들은 새 왕의 뜻을 좇아 따르는 것이 의리일 것입니다. … 우리 모자가 더 살아서 자손의 효도로 영화와 봉양을 받으면 어떠하겠습니까?

앞에서 본 '상황래유'라는 글 제목,

화성 행궁엔 노래당이란 (老來堂) 건물도 있죠.

만인소나 채제공의 상소 때 보인 태도 등을 고려해볼 때 《한중록》의 전언이 사실에 부합돼 보인다.

……

*현손(玄孫): 손자의 손자 = 고손(高孫)

그토록 혐오했던
척신 정치의 부활을
가져올 수 있는
선택을 한 것이다.

종합해본다면 왕위를 물려주고
상왕이 되어 내려가기 위해
화성 행궁과 성곽을 세웠고

자신과 어린 왕을 보위하고 자신의 서울 행차와
아들의 화성 행차를 경호하기 위해
장용영을 준비한 것으로 보인다.

그러나 구상이 현실화되기 이전에
몸이 쇠약해지면서
김조순을 세자의 후견인으로
끌어들인 것이다.

건강은 빠르게 약화되었다.
왕은 오랫동안 준비해온
간절한 꿈이 무산될 수도
있다는 초조감에 휩싸였다.

정조 24년 5월, 왕은 '오회연교'라 이름 붙인 격한 하교를 쏟아낸다. 그 일부를 보자.

모든 신료가…… 의리를 고수하던 자세를 잃지 않아 자기의 조부와 부친이 선조께 충성했던 것처럼 하였다면 어찌 모년의 의리를 범하는 일이 벌어졌겠는가? 의리를 도외시해 자기도 모르는 사이 의리와 배치되는 쪽으로 돌아갔던 것이다.
그것이 한번 발전하여 모년의 대의리에 관계되었고 두 번 발전하여 을미년(영조 51) 상황이, 세 번 발전하여 병신년(정조 즉위년) 상황이, 네 번 발전하여 정유년(정조 1) 상황이 벌어졌으며 ……………

(채제공, 김종수, 윤시동 등의 등용은 8년씩 쉬게 한 뒤 8년씩 등용했다는 이야기. 스스로도 우연히 그리됐다고 설명하듯 다소 억지스러움)

(정승의 등용은) 모두 그 마음이나 행적이 의리를 고수한 실상이 있어야만 등용했다. 대체로 의리란 별다른 것이 아니다. 모든 길에 지극히 옳은 것이 의리이다.

을미년(정조 19) 이후 나는 세속을 깊이 염려한 끝에 습속을 바로잡자는 교속(矯俗) 두 글자를 꺼집어냈는데……

이번 김이재의 소는 이를 버젓이 배치하려 한 것이다. 내 본의를 그가 모를 리 없을진대 알면서도 이런 행동을 한 자를 어떤 벌로 다스려야겠는가?

몸은 왕의 우려보다도 더욱 빠른 속도로 무너져갔다. 정조 24년 6월, 머리와 등에 종기가 돋았다.

떨어진 기력 때문인지 고약과 탕약 등을 썼지만 점점 심해져만 갔다.

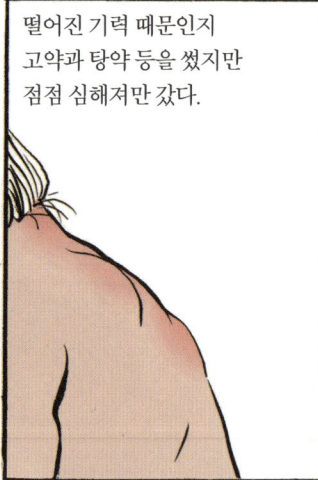

정조는 일찍이 세손 시절에 10년간 영조의 병시중을 들며

의학을 연구해 《동의보감》에 교정을 가하고 범례를 붙여 《수민묘전》이라는 의서를 지었을 만큼 의학에 조예가 깊었다.

이후 내의원에 명해 경험방을 첨부케 하여 간행한 책이 《제중신편》입니다.

의원들에게 진찰케 하고

약방 제조들과도 두루 의논하며 치료과정에 적극 참여했다.

등 쪽이 심한데 무슨 약을 붙이면 좋겠는가?

행인고에 대황, 천화분을 첨가해 붙이소서.

종기에 굳이 있는가?

행인고를 지어 올려라.

6월 16일, 가라앉지 않는 종기와 그 고통에
더욱 초조해진 왕은 다시금 준열한 경고를 한다.

대체로 이 증세는 가슴의 해묵은 화병 때문에 생긴 것이다.

조정에서는 두려움을 모르니 내 가슴속 화가 어찌 더하지 않을 수 있겠는가?

전후의 분부가 모두 정밀한 의리셨으며 이번 연석에서 분부하신 (오회연교) 뒤로는 털끝만치도 미진한 점이 없게 되었으니 누가 감히 이론을 제기하겠나이까?

의리란 두 개가 없으므로 옛날 의리와 오늘 의리가 두 가지로 간주될 수 없는데 오늘 이른바 신임의리를 핑계 대는 것은 과연 무슨 이유로 나온 것인가?

인정과 정리로 보더라도 내가 오늘 신임의리를 지키는 것이 어찌 신하들보다 뒤지겠는가? ···

더욱이 지금은 태양이 중천에 뜬 것처럼 모두 의리가 미진한 점 없이 밝혀졌는데 오히려 그것을 가탁해 간사한 짓을 꾸미려 함은 무슨 심사란 말인가?

숨어 있는 음침한 장소와 악인들과 교제를 갖는 작태를 내 어찌 모르겠는가? 우선은 참고 있는데 자수하는 이가 한 사람도 없으니 그들이 무엇을 믿고 감히 이러는가?

신임의리를 들고 나오는 노론 벽파를 향한 경고처럼 보인다.

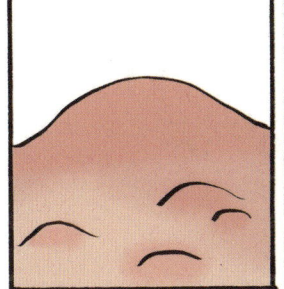

운명의 6월 28일,

아침에만 해도 약원의 신하들과 의원들을 만나 병세에 대한 이야기도 나누었다.

이어 영춘헌으로 옮겨 좌부승지 김조순, 각신 이만수 등을 더 불렀다.

그런데……

어……

무슨 분부하실 말씀이라도?

대비전을 뜻하는 한마디만 겨우 토하고는

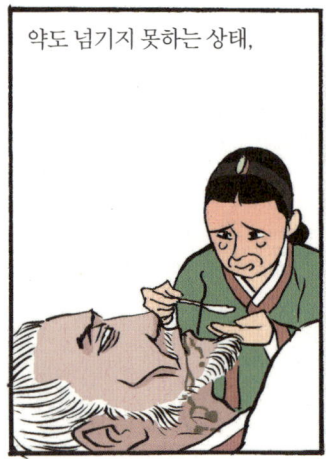

한참 뒤에 대비는 처소로 돌아갔다.

유교가 선포되고 대보는 왕세자에게 전해졌다.

결국 이날 유시, 왕은 끝내 깨어나지 못하고 세상과 작별했다.

아이고오

저언하-

전하!

신하들은 경이로우리만치 빼어난 자질과 자세를 보여준 왕에 대해
묘지문을 이렇게 마무리하고 있다.

⋮

왕은 성인이셨다.
사도(斯道)의 정체를 밝혀내고
사도가 지향해야 할 바를 주장하셨다.
왕께서 하신 일은 복희, 신농, 문왕, 무왕께서
하신 일이며 왕께서 하신 말씀은 공자, 맹자, 정자,
주자께서 하신 말씀이셨다.

앞으로 천세 후에 옛것을 논하는 자가 있다면
아마도 이를 《시경》의 청묘 악장에다 실어 연주하여
한 사람이 창을 하면 세 사람이 감탄하리라.

여기에는 특히 남들의 귀와 눈에 배어 있던
왕도만을 추려 뽑아 굉장한 유자이고
현철한 임금이셨던 왕의 법도를 이 정도로
소개했을 뿐이다.

＊사도(斯道): 유교의 도리.

작가 후기

《영조실록》과 《정조실록》을 읽으며 시파, 벽파에 대해 기존에 알고 있던 사실과 많이 어긋남을 알 수 있었다. 예컨대 홍인한은 정후겸과 손잡고 득세하며 김귀주와 대립했는데도 홍인한, 김귀주 모두 벽파라는 식의 설명이 여전하다. 벽파와 정순왕후의 경우는 거의 악의 축으로 묘사되곤 한다. 그래서 이런 부분에 대한 바로잡기 또는 문제 제기에 많은 무게를 두었다.

학교에서 이 시대를 공부하게 되면 무엇보다도 실학의 융성을 비롯해 문화와 예술의 발전이 중요한 주제였는데, 여기서는 소개하지 않았다. 정치사가 주된 주제니만큼 문화, 예술 쪽은 그렇다 쳐도 실학과 실학자들에 대한 내용까지 없어 의아하게 여길지 모르겠다. 그 이유는 우리에게 익숙한 이야기들이 《실록》에는 실려 있지 않기 때문이다. 정약용이 거중기를 만들어 수원성 축성에 기여한 일은 유명하지만, 《실록》에는 관련한 기록이 없을 뿐 아니라 수원성 축성 후 관련자를 포상할 때도 그의 이름이 나오지 않는다. 《열하일기》를 지어 패관 문체의 성행을 가져온 핵심 인물로 지목되는 박지원의 경우는 《정조실록》을 다 뒤져도 그 이름조차 나오지 않는다. 이러니 설령 소개를 한대도 교과서의 지식을 끼워 넣는 것 이상이 될 수 없다고 판단했다.

고민하다가 끝내 넣지 않은 것이 못내 아쉬운 몇 가지를 글로나마 덧붙인다.
—정조는 의외로 막후 정치에 능했다. 홍국영이 스스로 사직소를 올리게 하여 물리친 일이나 사도세자 천장의 일을 박명원에게 상소케 하여 진행한 것, 그리고 얼마 전 발견

존경하는 세종대왕 할아버지와
내가 닮은 점:

성실성, 끈기, 검소, 학구열
두뇌, 신하들을 압도하는 지식,
유교 이상 정치에의 꿈,
현실주의적 사고,
백성 사랑, 신하 사랑,
예술적 재능(할아버지는
음악에, 나는 미술에)...

그뿐이 아냐.
세종대왕의 아버지인 태종대왕께선
세자인 양녕을 폐하고 세종대왕을
후계로 삼으셨고,
할아버지 영조대왕께선
아버지 사도세자를 죽이고 나를
후계로 삼으셨지.

심지어 작은 종기로 고생하시다
결국 돌아가신 점까지 닮았다.

그런데 대왕께선 크게 성공하셨고
나는 그러지 못했으니 무엇 때문일까?
욱일승천하는 건국 초와
이미 내리막길인 시대의 차이?
강력한 왕권과 안정된 정치를
물려받고 못 받고의 차이?
:
:
:

된 심환지에게 보낸 서찰을 보아도 그렇다. 왕은 사전에 편지 등을 통해 자신의 의중을 알리고 사전 정지 작업을 한 뒤 자연스럽게 공식화함으로써 자신의 구상을 관철하곤 했다.

—정조도 숙종이나 영조처럼 앞선 충신들을 드높이는 데 많은 관심을 기울였다. 특히 정조는 이순신 장군의 진면목을 알리고 영웅화한 최초의 지도자다. 《충무공이순신전서》를 편찬케 하고 신하들에게도 여러 번에 걸쳐 그의 빼어남과 충성을 소개했다.

—정조의 정치에는 영조의 그림자가 적잖이 남아 있다. 어려서부터 지켜보고 자란 것이 영조의 정치였기 때문이리라. 마음에 안 드는 소를 불태워버리게 하거나 금령을 내려 어떤 사안에 대해 아예 거론조차 못하게 하곤 했는데, 영조 이전에는 보기 드문 모습이다. 언로의 소통을 무엇보다 중시하는 게 사대부 정치인데, 사대부 정치 복원을 표방하고 나선 정조와 어울리지 않는 모습이라 하겠다. 그런데 신하들도 영조 때부터 익숙해져서인지 크게 문제 삼지는 않았다.

—홍인한의 죄를 말할 때 첫 번째로 언급되는 것은 이른바 '세 가지(노론과 소론, 이판과 병판, 조정의 일)를 알 필요가 없다.'고 발언한 일이다. 서명선도 비판소에서 이를 우선 지적했다. 그러나 사실 홍인한의 발언 자체는 특별한 게 아니었다. 조선시대의 세자는 비록 후계자이지만 정치 관여는 철저히 배제되었고, 그 역할은 왕의 침선(잠자리와 식사)을 살피는 것으로 한정됐다. 행여라도 미래권력이 현실권력을 위협하는 일이 없도록 하기 위해 만들어진 규칙이었다. 그래서 신하들은 대리청정의 명이 나올 때마다 한 목소리로 불가를 주장하며 그와 유사한 발언을 하곤 했다. 홍인한의 죄는 말만 그렇게 한 것이 아니라 진짜로 세손이 세 가지를 알 필요가 없다고 생각한 데 있다 하겠다.

《정조실록》 연표

1776 정조 즉위년

3.10 경희궁 숭정문에서 즉위하다. 대신들을 만난 자리에서 자신은 사도세자의 아들이라는 윤음을 내리고 불령한 무리를 배척하겠다는 뜻을 밝히다.

3.19 효장세자를 진종으로 추숭하다.

3.20 사도세자를 장헌세자로, 수은묘를 영우원으로, 사당을 경모궁으로 올리다.

3.25 대신과 삼사에서 정후겸과 화완옹주의 처벌을 청하니 이미 원방에 유배했고 공주는 사저로 나갔으니 논할 것 없다고 답하다.

3.27 정후겸만 토죄하고 홍인한에 대해서는 머뭇거린다고 삼사를 대거 삭출하다. 동부승지 정이환이 홍봉한의 죄상을 거론하자 자궁(헌경왕후)의 어버이라며 난색을 나타내다.

3.30 김상로가 정축년에 이미 조짐이 있었고, 임오년에는 선왕도 김상로가 너의 원수라고 했다고 말하다. 문성국의 죄를 말하다. 봉조하를 극률에 처하면 자궁이 불안하고, 자궁이 불안하면 자신도 불안하다고 하다.

4.1 이덕사, 박상로, 조재한, 이일화 등을 복주하다.

4.4 김상로의 노적을 명하다.(바로 취소했다가 다시 명해 집행하다.)

4.10 궁방의 전결을 모두 호조에 소속시키다.

4.11 김귀주 상소해 김치인의 나삼 관련 발언 등을 말하며 홍봉한을 다시 공격하다.

4.16 비빈, 대군, 공주 등의 묘나 제향 등에 대해 제한을 가하다.

5.13 윤음을 내려 문녀(숙의 문씨)와 문성국의 죄를 말하다.

5.14 문녀를 도성 밖에 안치하라고 명하다.

5.22 윤선거 부자를 삭직하고 문집을 훼손할 것과 사액 철거를 명하다.

5.24 사학 유생의 소에 따라 송시열을 효종의 묘에 추배하다.

5.29 이조 낭관 통천권을 복구하다.(그러나 며칠 후 좌의정 김상철에게 자신의 본의가 아니라고 밝히다.)

6.23 홍인한의 무리가 윤약연을 뽑아 상소케 하여 정후겸은 법대로 처리할 것을, 홍인한은 섬으로 유배를 보내는 정도로 그칠 것을 청하니 윤약연을 국문하다. 이에 홍국영을 제거하려던 계획이 드러나다.

7.3 여러 역적이 반역한 상황을 널리 알리는 윤음을 내리다.(처음에는 여러 무리가 서로 시기하는 마음에서 동궁에 대한 항쟁으로 발전하여 일거수일투족을 감시하는 등 심상운, 이상로, 홍지해, 홍찬해, 홍상간, 민항렬 등의 죄상을 알리다.)

7.5 자궁의 동의를 얻어 홍인한과 정후겸의 사사를 명하다.

7.6 홍국영을 도승지로 삼다.

7.22 심상운을 친국하여 동궁에 대한 부도한 글을 궁중에 던졌던 일 등 죄상을 밝히다.

8.6 영남 유생 이응원이 상소해 사도세자의 일과 홍봉한의 죄를 논하고 송시열을 비판하다. 이응원과 아비 이도현을 친국하고 동궁 시절 이덕사의 발언 등을 말하며 이응원의 무리를 썩은 쥐새끼로 여긴다고 말하다.

8.22 성균관 유생 등이 홍봉한, 홍낙임 등의 처벌을 주장하며 홍인한과 정후겸은 홍봉한을 이어 계술한 것이고, 이덕사와 이응원은 홍봉한을 위해 소를 올린 것이라고 상소하다. 이에 왕은 자궁을 거론하며 거부하다.

8.24 홍인한, 정후겸, 민항렬, 홍상간, 이덕사 등에 대한 토역 교문을 반포하며 임오년의 일을 제기하는 자는 선왕의 역적이요 경모궁의 역적이라고 하다. 좌참찬 황경원의 건의에 따라 《명의록》 찬술을 명하다.

9.1 궁차가 조세를 징수하지 못하도록 하다. 결정되지 않았는데 역률을 적용하거나 이미 죽은 이에게 노적을 추시하는 것, 차율로 결정한 것에 극률을 더하는 것을 없애라고 하교하다. 교리 김관주가 홍봉한이 역적이라고 상소하다.

9.9 김귀주가 과거 소장에 왕이 동궁 시절에 자전(정순왕후)께 아뢴 걸 베껴 쓰기도 했다며 자궁이 대의로 홍인한에게 은혜를 끊었듯이 자전도 김귀주에게 그래야 할 것이라고 말하다.

9.11 김종수가 당시 정세로 볼 때 김귀주의 상소는 통쾌하게 여겨졌다고 옹호하자 김귀주의 죄는 따로 유시하겠다고 하다.

9.12 김귀주가 영조 47년 2월에 홍봉한을 내치게 만든 죄를 말하다. 삼사가 김귀주의 처단을 청하다.

9.20 홍인한의 눈치를 살펴 정승으로서 제꿏을 하지 못한 한익모와 김상복을 유배하다.

9.22 색목의 폐단을 논하고 분쟁을 금하라 하교하며 선대왕 탕평의 한계를 언급하다.

9.25 3월에 공사를 시작한 규장각을 완성하고 관원들을 두다.

10.13 사관 천거법과 관련해 논의하다.

11.18 김종수를 불러 척리의 화변을 말하다.

11.19 홍국영을 수어사에 제수하다.

11.21 한후익이 홍봉한을 토역하고 김귀주와 정이환을 변호하는 소를 올리다.

12.3 서명선의 소에 대해 극찬하다.

12.10 홍국영을 선혜청 제조로 삼다.

12.26 《존현각일기》를 《명의록》 찬집청에 내리다.

1777 정조 1년

3.21 이조와 병조에 명해 서류를 등용시킬 방도를 강구하고 절목을 마련할 것을 지시하자 이조에서 절목을 올리다.

3.29 《명의록》을 완성하다.
4. 8 홍계능을 대정현에 안치시키다.
5.11 김상복과 한익모를 석방하다.
5.27 서명선을 수어사로, 홍국영을 금위영 대장으로 삼다.
5.28 김상철을 영의정으로, 정존겸을 좌의정으로, 서명선을 우의정으로 삼다.
7.28 밤중에 자객이 들어 궁 안을 수색하다.
8. 3 갑인자를 기본으로 하여 정유자를 완성하다.
8.11 전흥문, 강용휘, 홍상범, 효임, 홍계능 등 왕과 홍국영을 제거하려던 적들이 복주되다. 신하들의 거듭된 요구에 홍계능 등이 추대하려 했던 은전군 이찬의 사사를 허락하다.
8.23 홍계희의 관작을 추탈하다.
9. 2 포도청 대장 장지항이 하찮은 일로 병조 판서 김종수와 서로 겨루어 파직되었다가 복귀하다.
11.15 홍국영을 숙위소 대장으로 삼다.
11.17 숙위소 대장의 지위와 숙위체계에 대해 전교하다.(숙위와 관련해 지휘권을 단일화하다.)

1778 정조 2년

1.12 흡휼전칙이 이루어지다.
2. 6 노비추쇄관을 혁파하다.
2.21 홍낙임을 친국한 뒤 면죄 조치하고 홍봉한을 불러 위로하다.
2.27 《속명의록》이 이루어지다.
3.15 자전과 자궁께 존호를 올리다. 홍국영을 훈련도감 대장으로 삼다.
5. 2 왕대비가 대신들에게 언문 교지를 내려 후궁을 간택하라 명하다.
6. 4 민산(民産), 인재, 융정, 재용에 관한 대고를 선포하며 경장에 대한 의지를 보이다.
6.11 정홍순을 우의정에, 서명선을 좌의정에 제수하다.
6.20 홍국영의 누이를 원빈으로 삼다.
윤 6.13 궁녀와 중관들의 행태를 말하고 기강을 단속할 것을 명하다.
윤 6.21 화완옹주의 사형을 감해 교동에 안치하다.
7.18 한후익, 홍양해, 심혁을 복주하다.
8.13 병조에 명해 오위법을 회복하고 오영제도를 개혁할 뜻을 피력하다.
9. 1 홍국영을 중영대장으로 삼아 오영을 지휘케 하다.
9.21 형벌을 신중히 하라는 전칙을 받들지 않은 전 경상도 관찰사 이성원과 수령, 변장들을 파직하다.
10.23 도신과 수령들에게 죄를 범하지 말 것을 엄히 신칙하다.
12. 4 홍봉한이 졸하다.

1779 정조 3년

3.27 내각에 처음으로 검서관 4인을 두다.
5. 7 원빈 홍씨가 졸하다.
7.28 《경종실록》의 구권과 신권을 모두 보관케 하다.
9.20 홍낙순을 우의정에 제수하다.
9.26 홍국영이 물러날 뜻을 아뢰고 명소패를 풀어 바치고 나가다.
9.28 홍국영을 봉조하로 삼고 이별하다.
9.29 서명선을 영의정으로, 홍낙순을 좌의정으로 삼다.

1780 정조 4년

1. 8 좌의정 홍낙순을 삭출하다. 김상철을 영의정으로, 이은을 좌의정으로 삼다.
2.14 이휘지를 좌의정에 제수하다.
2.26 이조 판서 김종수가 홍국영의 유배를 청하자 홍국영을 고향으로 보내다.
7.26 홍국영의 숙부인 홍낙빈의 죄가 드러나다.
7.30 홍낙빈을 갑산에 유배하다.
12.21 영남 암행어사 이시수가 대구 영의 돈놀이 행태와 그 폐단을 밝히다.

1781 정조 5년

2. 9 《어정성학집략》을 완성하다.
2.17 하교에 따라 강제문신 20명을 뽑다.
2.29 수령과 변장들의 계속되는 부정과 폐단에 대해 준엄히 경고하다.
4. 5 홍국영이 강릉에서 졸하다.
4.22 초계문신에게 시험을 보이고 상을 내리다.
4.28 서명선이 홍국영의 역모를 도운 송덕상의 논죄를 청하자 송덕상의 관작을 삭탈하다.
6. 9 홍봉한의 봉사손인 홍수영을 서용케 하다.
6.22 학문의 고장인 영남 사람이 벼슬에 추천된 자가 없는 현실을 개탄하다.
7. 2 임지로 떠나는 절도사와 수령들을 불러 엄한 하교를 내리다.
7. 6 《영종대왕실록》이 완성되고, 《경묘실록》의 개수도 완성되다.
7.10 대신과 각신을 소견해 《국조보감》 찬술을 명하다.
7.20 대사헌 김문순이 채제공을 극력 탄핵했다가 삭직되다.
8.19 각신들을 불러 일기 쓰는 버릇을 말하고 《승정원일기》와 다르게 후세에 전할 방도를 묻다.
8.26 영조의 예에 따라 금년부터 어진을 10년마다 1본씩 모사하게 하겠다고 하다.
9. 3 승지와 각신들을 불러 만나고, 김홍도에게 어진의 초본을 그리게 하다.
9.14 호서 유생 연덕윤이 송덕상을 위해 4도에 통문하자 홍충도 관찰사가

관련자들을 체포한 뒤 밀계하다.
10. 3 각신들에 대한 특별한 예우 조치들을 명하다.
12.27 김종수를 이조 판서로 삼다.
12.28 채제공을 병조 판서에 제수하다.

1782 정조 6년
1. 5 영의정 서명선, 우의정 이휘지가 채제공을 탄핵하다.
1.17 계속되는 채제공 비판에 대해 불쾌감을 나타내다.
2.14 외규장각이 완성되다.
3.28 평산의 신형하 등이 송덕상을 영호하는 글을 지어 송시열의 영당에 고하다.
4. 4 포도청에서 백천식, 문인방 등의 공초를 가지고 아뢰다.
4.22 다른 나라의 배가 표류해올 경우 법제를 만들어 이에 따라 대처토록 하다.
5.26 이택징이 소를 올려 규장각이 사각이 되고 신하는 사신이 될 수 있다고 경계하다.
5.29 대신들에게 내각 설치의 뜻을 조목조목 일러주다.
6.24 이유백의 소가 올라오다.
6.25 이유백의 아우 이유원이 이택징과 이유백이 호응해 소를 올린 사실을 고발하다.
7. 5 이유백을 물고하다.
7.15 이택징이 '나'라고 일컫고 수십 번 역적질을 도모했다고 발언한 이야기를 차대에서 전하다.
7.20 권홍징이 소를 올려 재야 선비들의 말은 아랑곳하지 않는다고 하다.
7.22 이택징을 물고하다.
7.24 권홍징이 공초 중에 임금이 걸어나 주 같을 경우에는 탕과 무의 일을 행할 수 있다고 말하다.
7.26 권홍징을 복주하다.
8.14 해서의 죄인을 처리하다. 박서집 등을

절도에 유배하다.
9. 7 원자가 탄생하다.
11.19 문인방이 송덕상을 위해 거병해 서울을 침범한다는 말을 귀양지에서 들은 박서집이 고변하자 금위영에서 관련자들을 친국하다.
11.21 문인방을 복주하다.
11.24 《국조보감》이 완성되다.
12. 3 사면령을 내리다. 이때 화완옹주도 육지로 나오게 하고, 윤선거 부자의 관작을 회복하다.
12.24 박서집이 목매 죽다.
12.26 이경래를 복주하다.
12.27 송덕상을 처벌하라고 하교하다. 신형하, 백천식을 복주하다.

1783 정조 7년
1. 7 송덕상이 옥사하다.
2.19 원자의 어머니인 소용 성씨를 의빈에 봉하다.
6. 2 정존겸을 영의정으로, 이복원을 좌의정으로 삼다.
6. 8 봉서를 내렸던 영남 어사가 임무를 마치고 돌아와 보고하다.
10.17 강화 유수가 경기도를 규휼하기 위해 강화의 곡식을 올리는 걸 반대하자 백성이 중요하다는 뜻의 답변을 내리다.
11.22 원자의 목면 차림에 승지들이 감탄하다.

1784 정조 8년
윤 3.23 교리 이헌정이 환곡의 폐단에 대해 상소하다.
6. 5 김문순이 채제공을 배척하는 소를 올리자 채제공을 적극적으로 변론하고 김문순을 파직하다.
7. 2 원자를 왕세자로 삼다.

7.28 김하재를 복주하다.
8. 3 대사령을 내려 한익모의 직첩을 돌려주고, 홍봉한에게 시호를 내릴 것과 김귀주를 육지로 나오도록 명하다.
10. 9 청나라에 보내는 문서와 관련 문서 등을 책으로 만들라 명하다.
10.11 서명선을 영의정에, 홍낙성을 좌의정에 제수하다.
10.23 계속되는 시노비 폐단을 바로잡으라 명하다.
11.25 심환지가 서명선을 논핵하다.
12. 3 체직한 이조 판서 김종수를 불러 그가 이조 판서에 자리한 이후 조정이 소란스러워졌다고 힐난하다.
12. 8 대뜸 역적으로 모는 시속을 비판하고 이노춘의 상소 중 '時' 자가 김하재에게서 나온 말이라 하다. 이노춘을 절도에 정배하다.

1785 정조 9년
2.29 김이용이 변란을 보고하다.
3.12 홍복영, 문양해, 양형, 이율 등을 국문하다.
7.30 《일성록》을 편찬하다. 이후 정조 말까지 계속 편찬되다.
9.11 《대전통편》을 반포하다.

1786 정조 10년
3. 6 변장이 변방의 국경을 넘어와 소굴을 이루어 고기잡이 등을 하는 이들을 내쫓고 집 등은 불태우자 처리 방식에 대해 꾸짖다.
5.11 문효세자가 홍진으로 훙하다.
윤 7.19 문효세자의 장례를 치르다.
윤 7.22 김귀주가 배소에서 죽다.
9. 7 채제공을 평안도 병마절도사로 삼다.
9.11 서명선이 채제공과는 한 하늘 아래 살 수 없다며 극력 탄핵하다.
9.12 채제공에 대해 변론하다.

9.14 의빈 성씨가 졸하다.
10.21 영의정 정존겸을 면직하고 김치인을 새 영의정으로 삼다.
11.20 상계군 이담이 졸하다.
12. 1 왕대비가 탕약을 물리며 언문교지를 내려 문효세자와 의빈의 죽음에 의혹이 있다고 말하고, 역적을 토벌해야 자신의 병이 나을 것이라 하다.
12. 4 왕대비가 다시 언문교지를 내려 조정 신하들을 힐난하다.
12. 5 이담의 외조부인 송낙휴가 구이겸이 이담에게 '소인'이라 칭했다는 등의 일들을 고변하다.
12. 7 왕대비가 관상을 본 일, 반정한다는 이야기 등이 밝혀지면 탕약을 들겠다고 하교하다.
12. 9 구선복을 능지처사하고 구명겸 등을 효시하다.
12.22 영의정 김치인 등이 존호를 올려 자전의 뜻을 찬양할 것을 건의하니 따르다.
12.28 은언군 이인을 강화에 유배하다.

1787 정조 11년

1. 8 왕대비에게 존호를 올리다. 김귀주의 죄안을 도류안에서 지우라 명하다.
2. 8 삼간택을 행해 박준원의 딸을 빈으로 삼다.
6.14 요언을 퍼뜨려 민심을 동요시키고 흉언을 남발했던 김동익 등의 역적을 복주하다.
12.20 사소한 일을 가지고 서로 다툰 병조 판서 정창순과 수어사 김종수를 추고하다.

1788 정조 12년

1.13 김치인에게 조용히 공격하는 무리를 진정시키라 명하다.
1.19 수령 자리에 문신 등용을 확대키로 하다.
2.11 이성원을 좌의정에, 채제공을 우의정에 제수하다.
2.15 전교를 내려 채제공에 대한 혐의 세 가지를 해명하다.
3. 8 채제공이 정승에 임명되었으므로 조정에 나올 수 없다는 서명선을 불러 타이르다.
4.23 교리 정만시가 상소에서 처음으로 '시', '벽'을 거론하다.
7.27 김종수를 불러 서로 역적으로 모는 폐습, 벼슬길을 막거나 열어주는 폐습을 말하다.
8. 3 서학의 유포 상황을 논하며 문체의 문제를 제기하다.
8. 6 서학 책자들을 물이나 불에 넣도록 하다.
8.18 중추부 판사 김익과 채제공을 불러 화해시키다.
9.27 《동문휘고》를 인쇄하다.
10. 3 다리 금령을 회복하다.
11. 5 경희궁으로 거둥하다가 종로에 이르자 상인들을 불러 고통을 묻다.
11. 8 경상도 유생 이진동 등이 상소해 무신년 창의 격문과 그 사적을 서술해 아뢰다.
11.26 형조 판서 윤시동이 조덕린의 소를 거론하며 정승이 영남 유생들의 후원자가 되어 무신, 기사년의 잔당들이 다시 일어나게 만들었다고 비판하다.
12.26 채제공이 청남의 역사를 말하다.

1789 정조 13년

3.20 정약용 등 15명을 강제문신으로 뽑다.
윤 5.22 조성규가 상소해 균역법 실시 이후 수령들의 수탈 양상에 대해 고하다.
7.11 김익을 영의정으로 삼다. 영우원의 천장을 결심하다.
8.21 지문을 친제하는 문제 등에 대해 논의하다.
9.26 왕대비가 언문교서를 내려 신하들로 하여금 임금에게 알리지 않고 이인을 압송할 것을 명하니 신하들이 따르다. 이에 임금이 뒤쫓았으나 왕대비가 사저로 물러나 살겠다고 하자 환궁하다.
10. 7 사도세자의 천장을 마치다.
10.14 신기현이 소를 올려 이인을 내보낼 때 독단적인 거조를 했다고 의금부 당상을 비판하다. 이에 신하들이 신기현을 역적으로 몰아가다.
10.22 채재공이 소를 올려 신기현의 사주자로 의심된다며 이재간을 비판하다.
10.23 이재간을 진도에 유배하다.

1790 정조 14년

1.13 장령 김이익 등이 우의정 김종수가 동소문의 호군과 부장을 묶어 끌고 간 일을 상소하다.
1.19 김익을 영의정에, 채제공을 좌의정에 제수하다.
1.20 김종수를 중도에 부처했다가 며칠 뒤 풀어주다.
3. 3 중추부 영사 김치인이 졸하다.
3.20 김종수를 우의정으로 삼다.
4. 7 시노비의 신공과 관련한 폐단을 논하다.
4.29 《무예도보통지》를 완성하다.
5. 2 내수사가 직접 지방 고을에 공문을 띄우지 못하도록 엄금하다.
5. 7 수원 행궁이 완성되다.
6.10 부사직 강유가 수원에 성을 쌓을 것을 건의하다.
6.18 창경궁 집복헌에서 원자가 탄생하다.
7. 1 배다리 제도를 정하다.
7. 7 이조 판서 추천 문제로 채제공과 뜻이 갈린 김종수가 형조 판서 추천에도 참여하지 않자 왕이 실망하고 경고의 뜻을 보이다.
8. 5 과거의 폐단에 대해 논하다.

8.11 사관을 수원에 보내 새 고을 유생들에게 '상황래유(上皇來遊)'라는 제목으로 시험을 보게 하다.
11.18 이인을 만나기 위해 행차하자 신하들과 왕대비가 적극 만류하다. 이인을 만나고 궁으로 돌아오다.

1791 정조 15년

1.25 신해통공을 허락하다.
2.12 신해통공과 관련해서 채제공과 김문순이 입장 차이를 보이다.
3.27 각 도의 노비 신공과 관련한 폐단을 바로잡도록 명하다.
4.16 성균관에서 서얼을 같은 줄에 앉지 못하게 했다는 보고에 시정을 명하다.
4.30 《중용》을 강하는 자리에서 왕안석에 대해 적극적으로 평가하다.
5.8 좌의정 채제공이 성균관에서 서얼을 동등하게 대우하는 것이 가정에까지 이어지면 곤란하다고 하자 동의하다.
5.22 장용영 설치는 궁궐 호위가 아니라 다른 뜻이 있었다고 말하다.
6.5 장용영의 설치와 관련하여 장차 내 뜻이 이루어지는 날이 있을 것이라 하다.
6.18 원자의 돌잡이를 행하다. 먼저 채색 실을 잡고, 이어 화살과 악기를 잡다.
6.26 평시서 해체 주장에 반대하다.
9.13 서명선이 졸하다.
10.7 어진이 완성되니 주합루, 경모궁, 현륭원에 봉안케 하다.
10.20 대사간 신기가 서학의 금지를 청하며 권상연, 윤지충의 일을 아뢰다.
10.23 서학의 실태와 관련해 홍낙안이 채제공에게 편지를 보내다.
10.24 채제공에게 서학을 공격하는 자와 배우는 자가 모두 경이 아는 사람들이라며 진정시키는 일을 책임지라 이르다.

11.8 윤지충과 권상연을 사형에 처하다. 권일신에게는 제주에 위리안치를 명하다.
11.12 수찬 윤광보의 청에 따라 홍문관에 소장된 서양 책을 불태우다.
11.13 이승훈, 정약용 등을 비판하는 소를 올린 이기경을 경원에 유배하다.
11.16 권일신이 옥중에서 회개하는 글을 짓자 호서로 이배해 사학하는 자들을 회개하게 하다.
12.14 김상철이 죽자 죄명을 씻어주고 대신의 예로 장사 지내게 하다.

1792 정조 16년

1.21 충청도 관찰사 박종악을 우의정에 제수하다.
4.18 정언 유성한이 학문에 전념할 것을 청하는 소를 올리면서 세간의 소문이라며 광대, 여악 등의 말을 하다.
윤4.10 유성한 일당으로 윤구종이 지목되고 그가 경종의 묘에서 불경한 발언을 한 일이 거론되다.
윤4.15 윤구종이 물고되다.
윤4.19 전 장령 이지영이 유성한, 윤구종의 일을 상소하며 사도세자의 억울함을 논하다.
윤4.22 이지영을 불러 눈물을 흘리며 흥인한, 홍계희, 구선복 등은 자신과 관련된 일로 처벌됐지만 다른 의도가 있다고 하다.
윤4.27 경상도 유생 이우 등 1만 57명이 유성한의 일로 상소해 선세자의 무함을 밝히는 것이 제일의 의리라 주장하자 이우 등을 불러 비답을 내려주다.
5.11 영남 유생들을 내려 보내라 이르고 유성한의 일로 더는 상소하지 말라고 명하다.
5.22 대신, 각신, 비변사 당상을 부른 자리에서 모년(영조 38년 사도세자의 변)의 의리와 갑신년(영조 40년) 선대왕의 당루를 말하며 묵묵히 징토하는 법을 취해왔다며

사도세자와 관련한 의리를 정리하다. 이복원과 채제공이 임금이 밝힌 의리에 절대적 지지를 보내고 이후 유사한 유생들의 상소를 엄히 막을 것을 밝히기를 청하자 이 상소를 조정과 민간에 널리 알리게 하다.
5.24 우의정 박종악이 유성한, 윤구종의 두뇌라며 김종수를 탄핵하자 대신이 대신을 공격한다며 파직하다.
5.27 김종수가 광주부 옥에서 대죄하며 대질을 청하다.
9.18 이가환을 개성 유수로 삼다.
9.20 승지 심환지가 채제공이 윤영희를 비호했다고 비판하자 심환지에게 불서용의 처분을 내리다.
10.4 윤영희에 대한 태도를 놓고 우의정 박종악 이하 재상들이 일제히 채제공을 비판하고, 이에 또박또박 응대하는 채제공을 왕 또한 힐난하다.
10.8 채제공을 삭출하다.
10.19 동지 정사 박종악에게 이번 사행 때는 패관 소기는 물론 경서, 사서도 사오지 말라 명하다. 또한 대사성에게 성균관 시험지에 조금이라도 패관잡기와 관련된 글이 있으면 하고(下考)로 처리하여 과거를 보지 못하게 하라고 이르다.
10.20 활쏘기에서 10순을 쏘아 41발을 맞히자 김문순이 이는 사람의 힘으로 되는 것이 아니라 하다.
10.30 활쏘기에서 10순에 49발을 맞히고 이후 거의 항상 49발을 맞히다.
11.3 패관소설을 본 김조순에게 공초를 받도록 하다.
11.6 부교리 이동직의 소에 답하면서 이가환을 발탁한 이유를 말하고 기대를 보이다.
11.8 내각이 동지 서장관 김조순의 함사를 바치니 문체를 칭찬하다.

12.8 채제공을 부르자 차자를 올렸는데, 차자에서 이인을 처리할 것과 신기현의 당여를 뿌리 뽑을 것 등을 강력히 주장하다.

1793 정조 17년

1.12 채제공을 수원부 유수로 삼다.
3.1 원자의 영특함을 칭찬하다.
3.10 채제공이 저자 백성이 신해통공 때문에 자신에게 항의하는 실태를 아뢰다.
3.14 60년 동안 평안한 건륭제의 청나라 정치는 기강이 문란하지 않은 때문이라고 평하다.
5.25 채제공을 영의정에, 김종수를 좌의정에 제수하다.
5.28 채제공이 소를 올려 선세자의 무함을 씻고 징토할 것을 강력히 주장하자 지난해의 하교를 들어 진노하다.
5.30 김종수가 소를 올려 채제공을 강력히 성토하고 1만 명의 유생을 불러 모을 수 있는 힘을 경계시키다.
6.4 채제공과 김종수를 파직하다.
6.22 홍낙성을 영의정에, 김희를 우의정에 제수하다.
7.2 홍낙성, 김종수, 심환지가 채제공을 강력히 성토하고, 정민시는 다른 의견을 보이다.
7.16 지방 의원 피재길이 올린 고약으로 부스럼이 낫자 약원의 침의로 삼다.
7.21 이순신에게 영의정을 추증하다.
8.4 우의정 김희가 채제공을 비판하자 상소 자체를 비판하면 장차 의리를 어디에 둘 것이냐며 질책하다.
8.8 대신과 2품 이상의 신하들을 불러 '금등'의 일을 말하다.
9.14 이가환을 대사성으로 삼다.

1794 정조 18년

1.1 인정전에 나아가 자전의 5순과 자궁의 6순을 축하하고 대사령을 내리다.
1.13 현륭원에 나아가 작헌례를 행하며 오열하다.
1.24 김종수가 차자를 올려 현륭원에서의 행동을 기록한 기사를 비판하다.
1.25 김종수가 자신에게 수치를 안겼다며 분노하다.
2.5 김종수를 평해군에 부처하다.
2.17 과장의 폐단을 개혁하라고 명하다.
2.21 인정전에 거둥해 삼일제를 거행하다. 들어온 유생이 2만 4,000명, 거둔 시권이 1만 장이 넘다.
2.22 김종수를 절도에 안치하다.
3.15 내원에 나아가 꽃을 감상하고 물고기를 낚다.
3.20 호조 판서 심의지의 건의에 따라 민폐를 끼치지 않는 선에서 도신에게 위임해 은광을 개발토록 하다.
5.22 채제공이 수원성 축성에 승군 동원을 청하자 거절하다.
6.1 김종수를 석방하다.
9.30 춘추관에 명해 사초만 있는 《광해군일기》를 정리하게 하다.
11.1 기근을 이유로 화성 공사의 중지를 명하다.
12.2 김종수를 소견한 자리에서 그에 대해 평하다.

1795 정조 19년

1.26 채제공을 우의정에, 유언호를 좌의정에 제수하다.
윤2.13 화성 봉수당에서 혜경궁의 회갑연을 갖다. 또 화성 축성 공사의 공로자들을 포상하다.
6.23 금령을 내려 이인의 일을 거론하지 못하게 하다.
7.24 관학 유생들이 이가환과 그 무리인 정약전 형제와 이승훈 등의 처벌을 청하다.
7.25 이가환을 충주 목사로 보내고, 정약용은 금정 찰방으로 삼다.
7.26 이승훈이 마음을 고쳐먹었지만 서적을 구해온 죄는 죄인 만큼 예산에 정배하라 명하다.
8.1 국적 불명의 배 한 척에 변장과 병졸들이 도주하다.
9.14 《충무공이순신전서》를 발간하다.
9.29 건륭제 60년에 대해 평가하다.
10.12 허적을 신원하다.
12.16 채제공을 좌의정에, 윤시동을 우의정에 제수하다.

1796 정조 20년

1.21 현륭원에 전배하다.
2.9 우의정 윤시동이 원자의 학문을 칭찬하다.
2.18 내각 제학 심의지가 병가에서 계책을 내어 적을 속이듯 한다며 이인의 일을 말하자 점차 횟수를 늘려나가다 한 달에 한 번 보겠다고 하다.
4.4 이노춘의 죄명을 삭제하라 명하다.
5.28 이조 판서, 호조 판서, 병조 판서의 천거 과정에 관해 거론하다.
6.10 유생들이 조헌, 김집의 문묘 종사를 청하다.
7.2 김종수가 내각에 편지를 보내 호남의 유언비어에 대한 조사를 청하다.
7.12 팔도 유생 채홍신 등이 김인후, 김집, 조헌에 대해 문묘 종사를 청하자 김집, 조헌에 대해선 반대 의사를 표하다.
8.8, 8.10 대일통의 도에 대해서 거론하다.
9.17 김인후의 종사를 허락하다.
10.24 사도세자의 온천 행에 동행했던

이들에게 시상, 추증하다.
11. 3 《무원록언해》를 간행 배포하게 하다.
11. 9 《화성성역의궤》를 완성하다.
12. 8 《무원록》을 인쇄하여 반포하다.

1797 정조 21년

1.30 현륭원에 나아가 작헌례를 올리다.
4.25 이가환을 도총부 도총관에 제수하다.
6.21 승지 정약용이 서양 사설에 빠졌던 일과 관련하여 상소하다.
윤 6. 6 우의정 이병모가 이순신은 제갈무후 이후의 일인자 격이라고 하다.
11. 4 왕세자 책봉을 청하자 1~2년 더 있다가 하겠다고 대답하다.
12. 2 이가환을 한성부 판윤으로 삼다.

1798 정조 22년

2. 4 현륭원에서 친제를 행하다.
3. 8 진선문과 건명문에 신문고를 설치케 하다.
4. 5 희정당에서 이성보가 강학을 하던 중 전하께 도통을 바라지 않을 수 없다고 하다.
4. 9 주희와 관련하여 왕이 편집한 서적들에 대해 거론하다.
5. 2 전황의 폐단과 돈의 주조와 관련하여 논의하다.
8.28 이병모를 좌의정으로, 심환지를 우의정으로 삼다.
9. 8 이인과 관련하여 이병모가 백관을 거느리고 청하자 괴로움을 말하고, 장차 기대하는 바가 있다고 하다.
11.17 원자의 관례와 책봉례를 한두 해 늦추겠다고 하다.
12.30 홍낙성이 졸하다. 우의정 심환지를 호위청 대장에 제수하다.

1799 정조 23년

1. 7 김종수가 졸하다.
1.18 채제공이 졸하다.
3. 4 화완옹주의 죄명을 없애다.
3.24 석녀의 마음은 나의 마음이라며 신하들을 설득해 화완옹주에 대한 동의를 이끌어내다.
4. 3 이시수를 우의정으로 삼다.
5.25 대사간 신헌조가 이가환, 권철신, 정약종 등의 무리가 사학의 소굴이라며 강력히 탄핵하자 체차하다.
6. 4 사학을 물리칠 방도는 정학을 밝히는 것뿐이라고 하다.
7. 6 김조순을 이조 참의에 제수하다.
7.10 차대에서 시력과 안경에 대해 말하고 스승의 도를 말하다.
9.28 심환지를 좌의정으로 삼다.
10. 3 주자의 시선집인 《아송》을 완성하다.
11.26 왕세자를 책봉하라는 청에 다시 내년이나 내후년을 거론하다.
12.11 《제중신편》을 펴내다.
12.13 좌의정 심환지의 청에 따라 다시 금 채취를 금하다.
12.28 시도(詩道)야말로 정치 교화의 성패에 직결된다며 《두육천선》을 완성하다.

1800 정조 24년

1. 1 이병모를 영의정에 제수하다. 원자를 왕세자로 삼고 관례와 가례를 한꺼번에 하겠다는 뜻을 밝히다.
1. 2 중매 의향이 있음을 보이다.
1.16 현륭원에서 친제를 행하다.
1.17 현륭원에서 엎드려 통곡하다.
1.29 몸조리 중이면서 신하들의 만류에도 모화관에 나가 칙사를 전송하다.
2. 2 왕세자의 관례와 책봉례를 행하다.
2.17 혜경궁의 손등 부스럼이 낫다.
2.26 초간택을 행하고 김조순의 딸 등 5명을 재간택에 들게 했으나 사실상 김조순의 딸로 정했음을 보이다.
3. 5 심환지 등과 사면 반대에 대한 금령을 둘러싸고 논쟁하다.
3.10 정민시가 졸하다.
4.11 고경명의 후손에게 전라 도사를 제수하다.
윤 4. 9 3명을 삼간택에 넣고 김조순에게 친서를 보내다.
윤 4.26 신하들에 비해 자신의 노쇠함을 말하다.
5.30 여러 신하에게 김이재를 귀양 보낸 이유를 설명하고, 사관에게 기록하게 하는 오회연교를 내리다.
6.16 의리와 관련하여 과격한 발언으로 신하들의 태도를 비판하다.
6.24 연훈방을 들이라고 명하다.
6.28 창경궁 영춘헌에서 승하하다.

조선과 세계

조선사

1776	정조 즉위
1777	홍국영, 숙위소 대장에 임명
1778	홍봉한 사망
1779	홍국영, 관직에서 물러남
1780	박지원, 사절단과 함께 청 방문
1781	홍국영 사망
1782	외규장각 완성
1783	정약용, 정조와 첫 만남
1784	정조, 시노비 폐단을 바로잡으라 명함
1785	장용위 설치
1786	은언군을 강화에 유배
1787	프랑스 함대, 동해안 측량
1788	노론의 시파, 벽파의 대립 생김
1789	사도세자의 천장을 마침
1790	수원 행궁 완성
1791	정조, 신해통공 허락
1792	정약용, 거중기 발명
1793	장용위를 확대 개편한 장용영 설치
1794	《광해군일기》 수정·간행키로 함
1795	혜경궁 홍씨, 《한중록》 저술
1796	《화성성역의궤》 완성
1797	《오륜행실도》 간행
1798	정약용, 《마과회통》 저술
1799	김종수, 채제공 사망
1800	정조 사망

세계사

	영국, 스미스, 《국부론》 발표
	베트남, 농민항쟁 격화
	미국, 영국과 전쟁
	영국, 제임스 쿡, 하와이에서 원주민에게 피살당함
	러시아, 예카테리나 2세, 무장중립동맹 제창
	독일, 칸트, 《순수이성비판》 저술
	청, 《사고전서》 완성
	미국, 독립
	미얀마, 아라칸 지역 점령
	영국, 카트라이트, 역직기 발명
	청, 정화를 타이 왕에 봉함
	오스트리아, 모차르트, 〈돈 조반니〉 작곡
	영국, 에드워드 기번, 《로마제국 쇠망사》 완간
	프랑스 혁명
	미국, 하원의원 선거
	프랑스, 최초의 공화정 성립
	청, 안남국 왕에게 입공을 요구
	프랑스, 루이 16세 처형
	프랑스, 공포 정치 종료
	청, 건륭제 퇴위, 가경제 즉위
	영국, 실론 점령
	미국, 존 애덤스 대통령 취임
	프랑스, 나폴레옹, 알렉산드리아 점령
	프랑스, 나폴레옹 집권, 프랑스 혁명 실패
	미국, 워싱턴을 수도로 정함

The Veritable Records of the Joseon Dynasty

In the Joseon Dynasty, there were always officials who followed and monitored the king. They slept in the room adjacent to where the king slept, and they attended every meeting the king held. The king could not go hunting or meet a person secretly without these officials being present.

These officials were called 'Sagwan,' and they observed and recorded all details of daily events involving the king in turns, things that the king said, and things that happened to him. The drafts created by them were called 'Sacho.' Even the king himself was not allowed to read those drafts, and the compilation process only began after the king's death.

When the king passed away, the highest ranking governmental official would be appointed as the chief historical compiler. A research team would collect all the drafts and relevant supporting materials, select important records with historical significance, and organize them in a chronological order. The finished product was usually called 'Sillok,' which means veritable records.

The Veritable Records of the Joseon Dynasty features a most magnificent scale, as it is a record of all the events that occurred over 472 years, from the reign of King Taejo to the reign of the 25th King Cheoljong (1392~1863). It consists of 1,893 volumes and 888 books (total of 64 million Chinese characters). It was registered as a World Cultural Heritage in Records, by UNESCO in 1997.

Source: A Korean History for International Readers, Humanist, 2010.

Summary
The Veritable Records of King Jeongjo

High Ideals and Outstanding Talent

The twenty-second king of Joseon is Jeongjo, the grandson of Yeongjo, son of Crown Prince Sado, who was sentenced to death in the rice chest. Jeongjo lived up to the expectations of Yeongjo, displaying a positive attitude, a distinguished intellect, and filial piety despite his tragic childhood experience. Ascending to the throne following Yeongjo's death, Jeongjo sought to stabilize his royal power by eliminating his political opponents and appointing the bodyguard who had served him when he was crown prince, Hong Gugyeong, as the chief Royal Secretary (Doseungji) and palace guard commander (Sugwi Daejang). When Hong Gugyeong's power grew too great and he began abusing his authority, Jeongjo stripped him of his titles and consolidated his sovereignty.

During his reign, Jeongjo demonstrated strong positive leadership. He took measures to quell the spread of evil practices, a major issue at that time for his subjects. He was strong and determined, he had a clear sense of duty as a monarch, and he loved the people. He was frugal in his personal life, and diligent in his work. Jeongjo made an effort to continue the policy of impartiality and reinstate the Confucian literati politics. He adhered strictly to Confucian principles, seeking to nurture the scholarly spirit and cultivate a young generation of Confucian scholars who could govern the dynasty by his side.

Despite his many achievements, Jeongjo was not a perfect monarch. Though he was open to the changing times and accepted useful new technologies, he lacked understanding of the outside world, which was undergoing rapid transformations. His lack of vision and understanding of the world meant he could not see beyond the limits of Joseon and the limits of the times. He was too caught up in his father's identity, so as a consequence, he ended up undermining the policy of impartiality and reversing himself on his rejection of the Cheoksin (in-law officials).

세계기록유산, 《조선왕조실록》

《조선왕조실록》이란?

《조선왕조실록》은 국보 제151호이자 유네스코 세계기록유산(1997년 지정)으로 조선 건국에서부터 철종까지 472년간을 편년체로 서술한 역사 기록물이다. 총 1,893권, 888책이며, 한글로 번역할 경우 300여 쪽의 단행본 400권을 훌쩍 넘는 분량이다. 철종 이후의 기록인 《고종실록》과 《순종실록》도 있으나 이것은 일본의 지배하에 편찬된 터라 통상 《조선왕조실록》으로 분류하지 않는다. 《단종실록》, 《연산군일기》, 《선조실록》, 《철종실록》처럼 기록이 부실한 경우도 있는데 정변이나 전쟁, 세도정치라는 시대 상황이 낳은 결과이다. 또한 《선조수정실록》, 《현종개수실록》, 《숙종실록보궐정오》, 《경종수정실록》처럼 뒷날에 집권한 당파의 요구에 의해 새로 편찬된 경우도 있다. 하지만 원본인 《선조실록》, 《현종실록》, 《숙종실록》, 《경종실록》을 폐기하지 않고 함께 보존함으로써 당대를 더욱 정확히 알게 해준다. 이렇듯 《조선왕조실록》은 그 기록의 풍부함과 엄정함에 더해 놀라운 기록 보존 정신까지 보여주는 우리 선조들의 위대한 유산이다.

《조선왕조실록》은 어떻게 기록되었나?

조선은 왕이 사관이 없는 자리에서 관리를 만나는 것을 엄격히 금지했다. 또한 왕은 원칙적으로 사관의 기록(사초)을 볼 수 없었다. 신하들도 마찬가지여서 실록청 담당관을 제외하고는 누구도 볼 수 없었다. 그래서 사관들은 왕이나 권력자의 눈치를 보지 않고 보고 들은 일들을 있는 그대로 기록할 수 있었다. 왕이 죽으면 실록청이 만들어지고 모든 사관의 사초가 제출된다. 여기에 여타 관청의 기록까지 참조하여 실록이 편찬된다. 해당 실록이 완성되고 나면 사초는 모두 물에 씻겨졌다(세초). 이렇게 만들어진 실록은 여러 곳의 사고에 나누어 보관되는데, 이 또한 후대 왕은 물론 신하들도 열람할 수 없도록 했다. 선대의 왕들에 대한 기록이나 평가로 인해 필화 사건이 생기지 않도록 한 것이다. 이 같은 원칙들이 철저히 지켜졌기에 《조선왕조실록》이 오늘날까지 존재할 수 있었다.

도움을 받은 책들

《국역 조선왕조실록 CD-ROM》, 서울시스템주식회사, 1995.
강순제 외,《역사인물 초상화 대사전》, 현암사, 2003.
권오창,《인물화로 보는 조선시대 우리 옷》, 현암사, 1999.
김문식·신병주,《조선 왕실 기록문화의 꽃, 의궤》, 돌베개, 2005.
김태형,《심리학자, 정조의 마음을 분석하다》, 역사의아침, 2009.
남현희 옮김,《일득록·정조대왕 어록》, 문자향, 2008.
박광용,《영조와 정조의 나라》, 푸른역사, 2007.
박영규,《조선의 왕실과 외척》, 김영사, 2003.
박영규,《한 권으로 읽는 조선왕조실록》, 들녘, 1996.
신명호,《조선왕비실록》, 역사의아침, 2007.
신명호,《조선의 왕》, 가람기획, 1998.
유봉학,《정조대왕의 꿈》, 신구문화사, 2006.
윤정란,《조선의 왕비》, 차림, 1999.
이덕일,《사도세자의 고백》, 휴머니스트, 2004.
이덕일,《조선왕 독살사건》, 다산초당, 2005.
이성무,《조선시대 당쟁사》 2, 동방미디어, 2002.
이성무,《조선왕조사》 2, 동방미디어, 1999.
이이화,《이이화의 한국사 이야기》 15, 한길사, 2001.
이한우,《정조·조선의 혼이 지다》, 해냄, 2007.
정조 지음, 백승호 등 옮김,《정조어찰첩》, 성균관대학교 출판부, 2009.
최범서,《야사로 보는 조선의 역사》 2, 가람기획, 2004.
한국고문서학회,《조선시대 생활사》, 역사비평사, 1996.
한국생활사박물관 편찬위원회,《한국생활사박물관》 10, 사계절, 2004.
한국역사연구회,《조선시대 사람들은 어떻게 살았을까》 1·2, 청년사, 2005.
혜경궁 홍씨 지음, 이선형 옮김,《한중록》, 서해문집, 2008.
홍순민,《우리 궁궐 이야기》, 청년사, 2002.

박시백의 조선왕조실록 16 정조실록

1판 1쇄 발행일 2010년 11월 15일
2판 1쇄 발행일 2015년 6월 22일
3판 1쇄 발행일 2021년 3월 15일
4판 1쇄 발행일 2024년 6월 24일

지은이 박시백

발행인 김학원
발행처 (주)휴머니스트출판그룹
출판등록 제313-2007-000007호(2007년 1월 5일)
주소 (03991) 서울시 마포구 동교로23길 76(연남동)
전화 02-335-4422 **팩스** 02-334-3427
저자·독자 서비스 humanist@humanistbooks.com
홈페이지 www.humanistbooks.com
유튜브 youtube.com/user/humanistma **포스트** post.naver.com/hmcv
페이스북 facebook.com/hmcv2001 **인스타그램** @humanist_insta

편집주간 황서현 **편집** 최인영 박나영 강창훈 김선경 이영란 **디자인** 김태형 **사진** 권태균 **영문 초록** 김단비
번역 감수 김동택 David Elkins **조판** 프린웍스 **용지** 화인페이퍼 **인쇄** 삼조인쇄 **제본** 해피문화사

ⓒ 박시백, 2024

ISBN 979-11-7087-178-1 07910
ISBN 979-11-7087-162-0 07910(세트)

• 이 책은 저작권법에 따라 보호받는 저작물이므로 무단 전재와 무단 복제를 금합니다.
• 이 책의 전부 또는 일부를 이용하려면 반드시 저자와 (주)휴머니스트출판그룹의 동의를 받아야 합니다.

조선왕조실록 가계도 및 주요 인물
정조

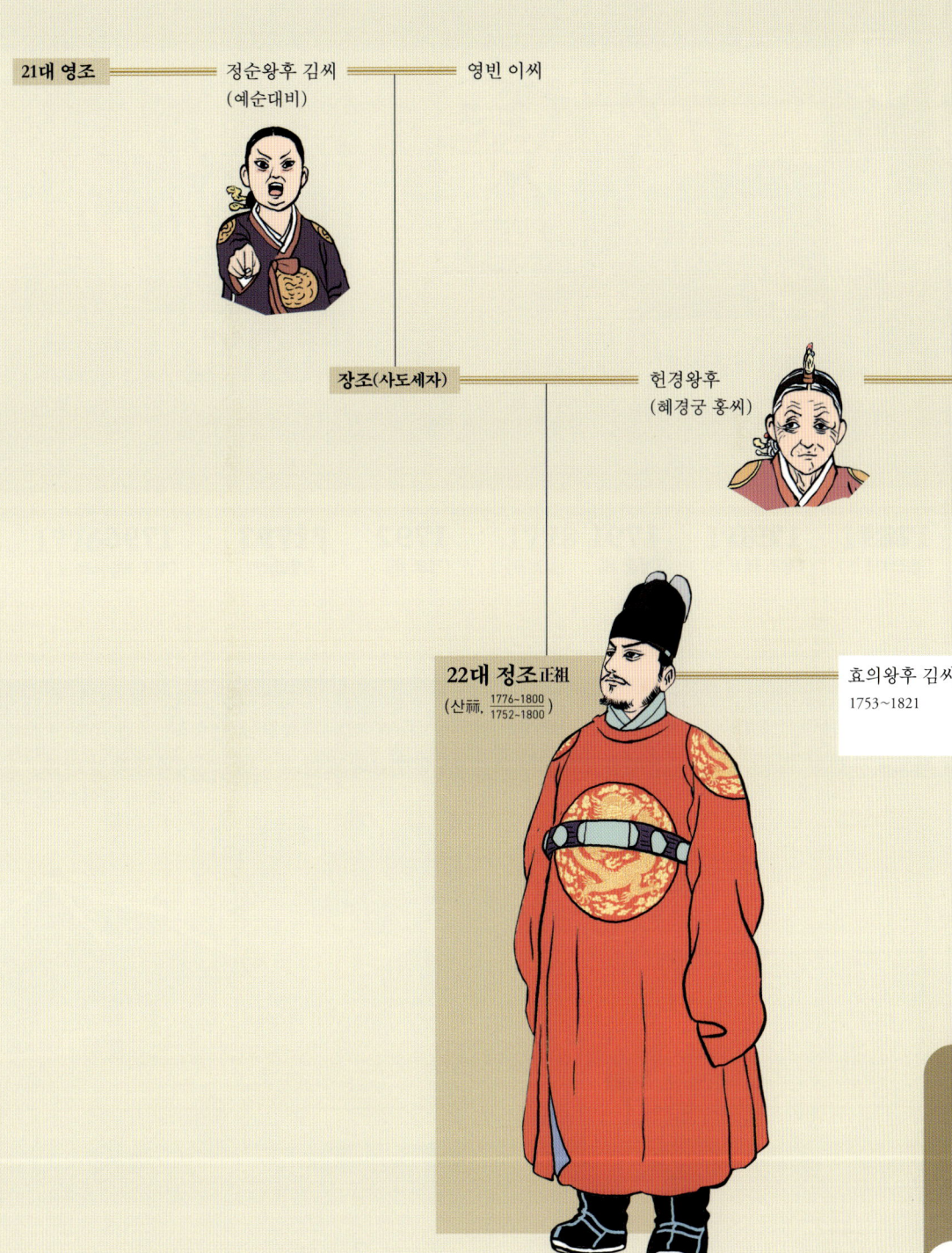

( ) 이름, 재위년 생몰년　　≡≡≡ 배우자　　| 직계

채제공
남인 세력의 수장

심환지
노론 벽파의 수장

숙빈 임씨 ══════ ══════ 경빈 박씨

- 은언군 인
- 은신군 진

- 은전군 찬
- 청근옹주

의빈 성씨
1753~1786

수빈 박씨
1770~1822

세자 공 (23대 순조)

- 문효세자 순

- 숙선옹주

홍국영
정조 초 최고의 실권자